高等职业教育"十二五"规划教材

Daolu Qiaoliang Gongcheng Jishu Zhuanye
Jineng Xunlian yu Kaohe Pingjia Biaozhun

道路桥梁工程技术专业技能训练与考核评价标准

郭发忠　编者
金仲秋　主审

人民交通出版社

内容提要

本书为交通职业教育教学指导委员会2009年立项的教育科研计划项目研究成果之一。本书主要内容有：专业技能评价标准构建的指导思想、构建方法、构建内容、考核方案和考核评价指标体系；专业技能应知部分主要包括工程测量、公路工程材料试验检测、公路工程材料与管理、道路施工技术、桥涵施工技术、公路工程定额与统计和公路施工安全技术等科目的题库与考核评价办法；专业技能应会部分主要包括测量技术、道路建筑材料检测技术、工程绘图技术、土工试验技术与工程地质识别和专业软件应用等科目的操作项目及其考核评价标准。书末附有考核题库参考答案。

本书可作为高职高专院校道路桥梁工程技术专业教学指导教材，也可作为公路工程从业技术人员继续学习和技能考核的参考资料。

图书在版编目(CIP)数据

道路桥梁工程技术专业技能训练与考核评价标准/郭发忠编著.—北京：人民交通出版社，2011.10

ISBN 978-7-114-09455-2

I.①道… II.①郭… III.①道路工程—工程技术人员—考核—自学参考资料②桥梁工程—工程技术人员—考核—自学参考资料 IV.①U415②U445

中国版本图书馆CIP数据核字(2011)第205198号

高等职业教育"十二五"规划教材

书　　名：道路桥梁工程技术专业技能训练与考核评价标准

著 作 者：郭发忠

责任编辑：卢仲贤　黎小东

出版发行：人民交通出版社

地　　址：(100011)北京市朝阳区安定门外外馆斜街3号

网　　址：http://www.ccpress.com.cn

销售电话：(010)59757969,59757973

总 经 销：人民交通出版社发行部

经　　销：各地新华书店

印　　刷：北京交通印务实业公司

开　　本：787×1092　1/16

印　　张：7.25

字　　数：180千

版　　次：2011年10月　第1版

印　　次：2012年9月　第2次印刷

书　　号：ISBN 978-7-114-09455-2

定　　价：21.00元

前　　言

《道路桥梁工程技术专业技能训练与考核评价标准》(以下简称《标准》)是交通职业教育教学指导委员会2009年立项的教育科研计划项目之一。在本书编写中,编者通过深入行业、企业和相关院校进行专业岗位群技能调研分析,完成了本《标准》的编制工作。本《标准》可作为高职院校道路桥梁工程技术专业技能训练与考核评价的教学指导教材,同时亦可为同类高职院校组织专业教学和教学质量评估的依据。各相关院校在参考执行中,可根据地域的不同以及本校专业教学的特点,采用集中实施,也可采用分段实施。

本书由浙江交通职业技术学院郭发忠编著,浙江交通职业技术学院金仲秋主审。浙江交通职业技术学院王建林、陈凯、张征文、徐建虎、徐忠阳、虞文锦和新疆乌鲁木齐市市政设施养护处的郭武也参与了本书的编写。具体编写分工为:郭发忠(1前言、2考核方案、3考核评价指标体系、4.5桥涵施工技术考核题库);郭发忠和郭武(5应会技能考核评价标准和4.3公路工程材料与管理考核题库);王建林(4.4道路施工技术考核题库);陈凯和王建林(4.1工程测量考核题库);张征文和徐建虎(4.2公路工程试验与检测考核题库);徐忠阳(4.6公路工程定额与统计考核题库和4.7公路施工安全技术考核题库);虞文锦(5.4工程绘图技术(CAD)技能考核评价标准和5.5专业软件应用技能考核评价标准)。

在编写过程中,作者参考了相关论著和资料,在此谨向相关文献的作者致谢。由于时间仓促,书中定会存在不少疏漏和错误,恳请同行批评指正。

编著者

2011年9月

目　　录

1 绪　论

1.1　专业技能评价标准构建的指导思想

专业技能评价标准的构建要以就业为导向，以能力为本位，以岗位职业能力需求和职业标准为依据，满足学生职业生涯发展的需求；通过建立专业技能考核与评价标准，形成比较科学和综合化的专业技能评价系统，以有效地促进专业培养目标的实现。

1.2　专业技能评价标准构建的途径

专业技能评价标准构建的主要途径，是通过调研、分析道路桥梁工程技术专业岗位群的技能需求情况，根据高职道路桥梁工程技术专业标准、国家（行业）职业资格技能标准，对该专业的技能进行分类，确定考核科目和实际操作项目，建立技能考核评价指标体系。

在专业技能评价标准的研究编制过程中，我们通过对高职道路桥梁工程技术专业职业岗位群及专业工作任务与职业能力需求的调研、分析，结合该专业的定位与培养目标以及毕业生就业岗位分布等情况，经与相关交通高职院校以及多家路桥施工企业的交流，一致认为，该专业毕业生的工作任务主要在道桥施工、工程检测、道桥养护以及安全生产管理等领域。因此，对该专业学生的技能考核，重点应在工程测量、公路工程勘测设计、专业软件应用、土工试验与工程地质识别、道路建筑材料检测、工程绘图、工程现场质量与安全管理、道桥工程施工技术以及施工组织管理等方面。

1.3　专业技能评价标准构建的内容

根据职业教育教学规律，结合广泛的专业技能需求调研、分析，确定了本专业技能考核评价标准。其主要内容包括以下两方面：

(1)专业技能应知部分。主要考核内容由工程测量、公路工程材料试验检测、公路工程材料与管理、道路施工技术、桥涵施工技术、公路工程定额与统计和公路施工安全技术等科目组成。每个科目包括考核评价指标体系和考核参考题库。

(2)专业技能应会部分。主要考核测量技术、道路建筑材料检测技术、工程绘图技术、土工试验技术与工程地质识别、专业软件应用等操作项目。每个项目包括考核内容及考核评价标准。

2 考核方案

根据道路桥梁工程技术专业的技能属性特点，对专业应知技能的考核主要以笔试为主，考核形式原则上采用闭卷形式，每个科目考核时间为120分钟，满分成绩100分。每个科目考核实际得分后，按科目权重计入总评成绩。对专业应会技能的考核主要以动手操作考核为主，在规定的时间内，按项目考核内容要求、项目完成过程中的技术要求以及项目完成成果标准要求，进行考核评价。每个考核项目按考核评价标准所得的实际成绩，分别计入相应的应会考核科目，然后再按应会考核科目权重计入总评成绩。

专业技能的应知部分和应会部分考核权重各按50%分配，考核科目权重分配方案如下。

1）应知部分（100%）

（1）工程测量：20%；

（2）公路工程材料试验检测：20%；

（3）公路工程材料与管理：7.5%；

（4）道路施工技术：15%；

（5）桥涵施工技术：15%；

（6）公路工程定额与统计：15%；

（7）公路施工安全技术：7.5%。

2）应会部分（100%）

（1）测量技术：30%；

（2）道路建筑材料检测技术：30%；

（3）土工试验技术与工程地质识别：15%；

（4）工程绘图技术：15%；

（5）专业软件应用：10%。

3 考核评价指标体系

道路桥梁工程技术专业的技能考核评价指标体系见表3-1。

道路桥梁工程技术专业技能考核评价指标体系 表3-1

<table>
<tr><td rowspan="2">考核分类</td><td rowspan="2">考核科目</td><td rowspan="2">科目权重(%)</td><td colspan="9">考核题型及赋分标准</td><td rowspan="2">科目总分</td></tr>
<tr><td>填空题</td><td>单选题</td><td>多选题</td><td>判断题</td><td>名词解释</td><td>简答题</td><td>论述题</td><td>计算题</td><td>作图题</td></tr>
<tr><td rowspan="7">应知总分∑YZ</td><td>工程测量</td><td>20</td><td rowspan="7">占20%～30%；每题2分</td><td rowspan="7">占15%～25%；每题1分</td><td rowspan="7">占15%～20%；每题2分</td><td rowspan="7">占15%～20%；每题1分</td><td rowspan="7">占12%～15%；每题3分</td><td rowspan="7">占15%～20%；每题5～7分</td><td rowspan="7">占10%～15%</td><td rowspan="7">占10%～20%</td><td rowspan="7">占5%～10%</td><td>A</td></tr>
<tr><td>公路工程材料试验检测</td><td>20</td><td>B</td></tr>
<tr><td>公路工程材料与管理</td><td>7.5</td><td>C</td></tr>
<tr><td>道路施工技术</td><td>15</td><td>D</td></tr>
<tr><td>桥涵施工技术</td><td>15</td><td>E</td></tr>
<tr><td>公路工程定额与统计</td><td>15</td><td>F</td></tr>
<tr><td>公路施工安全技术</td><td>7.5</td><td>G</td></tr>
<tr><td></td><td colspan="12">以上可根据科目特点，选择考核题型组卷，原则上不少于5种题型。$\sum YZ=0.2A+0.2B+0.075C+0.15D+0.15E+0.15F+0.075G$</td></tr>
<tr><td rowspan="7">应会总分∑YH</td><td>考核科目</td><td>科目权重(%)</td><td colspan="9">操作技能考核项目</td><td>科目总分</td></tr>
<tr><td>测量技术</td><td>30</td><td colspan="9">1. 闭合(或往返)水准路线测量；2. 水准仪四等水准测量；3. 经纬仪测回法测量三角形的内角；4. 全站仪测量点的三维坐标；5. 单圆曲线主点测设等(选2项)</td><td>a</td></tr>
<tr><td>道路建筑材料检测技术</td><td>30</td><td colspan="9">1. 集料类；2. 水泥及水泥混合料类；3. 沥青及沥青混合料类；4. 石灰类；5. 钢筋类(选3项)</td><td>b</td></tr>
<tr><td>土工试验技术与工程地质识别</td><td>15</td><td colspan="9">1. 测定土的密度类；2. 土的含水率测定类；3. 土的击实试验；4. 土颗粒分析试验(筛分法)；5. 土的直剪试验(快剪)；6. 承载比(CBR)(室内)试验；7. 常见岩浆岩的识别；8. 阅读地质图(选2～3项)</td><td>c</td></tr>
<tr><td>工程绘图技术</td><td>15</td><td colspan="9">利用Auto CAD绘图软件完成一幅工程结构的三视图</td><td>d</td></tr>
<tr><td>专业软件应用</td><td>10</td><td colspan="9">根据所提供的设计参数以及平面、纵断面、横断面的原始数据资料，操作辅助设计软件，进行道路的平面设计、纵断面设计、横断面设计</td><td>e</td></tr>
<tr><td colspan="12">$\sum YH=0.3a+0.3b+0.15c+0.15d+0.10e$</td></tr>
<tr><td>考核综合定等M</td><td colspan="12">$M=0.5\sum YZ+0.5\sum YH$
优秀：$M=90\sim100$；良好：$M=80\sim89$；中：$M=70\sim79$；及格：$M=60\sim69$；不及格：$M<60$。</td></tr>
</table>

4 专业技能应知部分考核题库

4.1 科目一:工程测量考核题库

一、单项选择题

1. 测定一点竖直角时,若仪器高度不同,但都瞄准目标同一位置,则所测竖直角(　　)。

A. 相同　　B. 不同　　C. 可能相同也可能不同

2. 路线纵断面测量分为(　　)和中平测量。

A. 基平测量　　B. 水准测量　　C. 高程测量

3. 下面是三个小组丈量距离的结果,只有(　　)组测量的相对误差满足 1/5000 的要求。

A. 100m ±0.025m　　B. 200m ±0.040m　　C. 150m ±0.035m

4. 导线的坐标增量闭合差调整后,应使纵、横坐标增量改正数之和等于(　　)。

A. 纵、横坐标增量闭合差,其符号相同　　B. 导线全长闭合差,其符号相同

C. 纵、横坐标增量闭合差,其符号相反

5. 公路中线里程桩测设时,短链是指(　　)。

A. 实际里程大于桩号里程　　B. 实际里程小于桩号里程

C. 桩号计算有误

6. 小区域控制测量中,地面点的空间位置用(　　)来表示的。

A. 地理坐标　　B. 平面直角坐标　　C. 坐标和高程

7. 用测回法观测水平角,若右方目标的方向值 $\alpha_{右}$ 小于左方目标的方向值 $\alpha_{左}$ 时,水平角 β 的计算方法是(　　)。

A. $\beta=\alpha_{左}-\alpha_{右}$　　B. $\beta=\alpha_{右}+180°-\alpha_{左}$　　C. $\beta=\alpha_{右}+360°-\alpha_{左}$

8. 在水准测量中设 A 为后视点,B 为前视点,并测得后视读数为 1.124m,前视读数为 1.428m,则 B 点比 A 点(　　)。

A. 高　　B. 低　　C. 等高

9. 公路中线测量中,设置转点的作用是(　　)。

A. 传递高程　　B. 传递方向　　C. 加快观测速度

10. 坐标方位角是以(　　)为标准方向,顺时针转到所测直线的夹角。

A. 真子午线方向　　B. 磁子午线方向　　C. 坐标纵轴方向

11. 在距离丈量中衡量精度的方法是用(　　)。

A. 中误差　　B. 相对误差　　C. 闭合差

12. 导线测量的外业工作是(　　)。

A. 选点、测角、量边　　B. 埋石、造标、绘草图　　C. 距离丈量、水准测量、角度测量

13. 路线中平测量是测定路线(　　)的高程。

A. 水准点　　B. 转点　　C. 中桩

14. 已知直线 AB 的坐标方位角为 186°，则直线 BA 的坐标方位角为(　　)。

A. 96°　　B. 276°　　C. 6°

15. 测量中所使用的光学经纬仪的度盘刻画标记形式有(　　)。

A. 水平度盘均为逆时针注记　　B. 水平度盘均为顺时针注记

C. 竖直度盘均为逆时针注记

16. 水准测量时，为了消除 i 角误差对一测站高差值的影响，可将水准仪置在(　　)处。

A. 靠近前尺　　B. 两尺中间　　C. 靠近后尺

17. 丈量某长方形的长为 $a=20\pm0.004$m，宽为 $b=15\pm0.003$m，它们的丈量精度(　　)。

A. 相同　　B. 不同　　C. 不能进行比较

18. 若经纬仪的视准轴与横轴不垂直，则在观测水平角时，其盘左盘右的误差影响为(　　)。

A. 大小相等，符号相反　　B. 大小相等，符号相同　　C. 大小不等，符号相同

19. 衡量一组观测值的精度的指标是(　　)。

A. 中误差　　B. 允许误差　　C. 算术平均值中误差

20. 往返水准路线高差平均值的正负号是以(　　)的符号为准。

A. 往测高差　　B. 返测高差　　C. 往返测高差的代数和

21. 往返丈量直线 AB 的长度为：$DAB=126.72$m，$DBA=126.76$m，其相对误差为(　　)。

A. $K=1/3000$　　B. $K=1/3200$　　C. $K=0.000315$

22. 在等精度观测的条件下，正方形一条边 a 的观测中误差为 m，则正方形的周长($S=4a$)中误差为(　　)。

A. m　　B. $2m$　　C. $4m$

23. 两不同高程的点，其坡度应为两点(　　)之比，再乘以 100%。

A. 高差与其平距　　B. 高差与其斜距　　C. 平距与其斜距

24. 经纬仪对中误差属(　　)。

A. 偶然误差　　B. 系统误差　　C. 中误差

25. 导线的布置形式有(　　)。

A. 一级导线、二级导线、图根导线　　B. 闭合导线、附合导线、支导线

C. 单向导线、往返导线、多边形导线

26. 自动安平水准仪的特点是(　　)使视线水平。

A. 用安平补偿器代替管水准器　　B. 用安平补偿器代替圆水准器

C. 用安平补偿器和管水准器

27. 基平水准点的位置应选择在(　　)。

A. 路中心线上　　B. 施工范围内　　C. 施工范围以外

28. 用经纬仪观测某交点的右角，若后视读数为 200°00′00″，前视读数为 0°00′00″，则外距方向的读数为(　　)。

A. 100°　　B. 80°　　C. 280°

29. 电磁波测距的基本公式 $D=1/2ct$ 中，c 表示(　　)。

A. 距离　　B. 时间　　C. 速度

30. 支水准路线往返水准路线的高差闭合差的计算为(　　)。

A. $f_h=\sum h_{测}-(H_{终}-H_{始})$　　B. $f_h=\sum h_{往}-\sum h_{返}$　　C. $f_h=\sum h_{往}+\sum h_{返}$

31. 视线高等于(　　)+后视点读数。

A. 后视点高程　B. 转点高程　C. 前视点高程　D. 道路起点高程

32. 公路基平测量中,其高差闭合差容许值应为(　　)mm。

A. $\pm 50\sqrt{L}$　B. $\pm 6\sqrt{L}$　C. $\pm 3\sqrt{L}$　D. $\pm 20\sqrt{L}$

33. 路线中平测量的观测顺序是(　　),转点的高程读数读到毫米位,中桩点的高程读数读到厘米位。

A. 沿路线前进方向按先后顺序观测　B. 先观测中桩点,后观测转点

C. 先观测转点高程,后观测中桩点高程　D. 先观测中桩及交点高程,后观测转点高程

34. 横断面的绘图顺序是从图纸(　　)依次按桩号绘制。

A. 左上方自上而下,由左向右　B. 右上方自上而下,由右向左

C. 右下方自下而上,由右向左　D. 左下方自下而上,由左向右

35. 采用偏角法测设圆曲线时,其偏角应等于相应弧长所对圆心角的(　　)。

A. 相等　B. 2 倍　C. 1/2　D. 2/3

36. 公路中线测量在纸上定好线后,用穿线交点法在实地放线的工作程序为(　　)。

A. 放点、穿线、交点　B. 计算、放点、穿线

C. 计算、交点、放点　D. 穿点、放点、计算

37. 复曲线测设时,已知曲线半径为 $R_{主}$,其切线长为 T_1,基线长为 α,则副曲线半径 $R_{副}$ 为(　　)。

A. $R_{副}=(\alpha-T_1)/\tan\frac{\alpha_1}{2}$　B. $R_{副}=(\alpha-T_1)/\tan\frac{\alpha_2}{2}$　C. $R_{副}=T_2/\tan\frac{\alpha_2}{2}$

38. 路线相邻两交点(JD_8—JD_9)间的距离是用(　　)。

A. 钢尺丈量,视距校核　B. 只用视距测量　C. 用皮尺丈量,视距校核

39. 公路中线测量中,测得某交点的右角为 130°,则其转角为(　　)。

A. $\alpha_{右}=50°$　B. $\alpha_{左}=50°$　C. $\alpha=130°$

40. GPS 定位技术是一种(　　)的方法。

A. 摄影测量　B. 卫星测量　C. 不能用于控制测量

41. 电子经纬仪区别于光学经纬仪的主要特点是(　　)。

A. 使用光栅度盘　B. 使用金属度盘　C. 没有望远镜　D. 没有水准器

42. 在相同的观测条件下,对某一目标进行 n 次观测,计算观测值中误差的公式为(　　)。

A. $m^2=[\Delta\Delta]/n$　B. $m^2=[vv]/(n-1)$　C. $m^2=[vv]/n(n-1)$

43. 尺长误差和温度误差属(　　)。

A. 系统误差　B. 偶然误差　C. 综合误差

44. 设 AB 距离为 120.23m,方位角为 121°23′36″,则 AB 的 y 坐标增量为(　　)m。

A. -102.630　B. 62.629　C. 102.630　D. -62.629

45. 比例尺为 1:2000 的地形图的比例尺精度是(　　)。

A. 0.2cm　B. 2cm　C. 0.2m　D. 2m

46. 中平测量的水准路线形式实质上是(　　)。

A. 闭合水准路线　B. 附合水准路线　C. 往返测水准路线

47. 导线测量是(　　)的一种形式。

A. 三角测量　B. 控制测量　C. 水准测量

48. 水准测量中高差闭合调整原则是(　　)成正比例,反符号进行分配。

A. 按测站数　　B. 按测站数或测段长度

C. 按高差值大小　　D. 按高程大小

49. 采用一测回法观测竖直角,可以消除(　　)的影响。

A. 对中　　B. 二倍照准误差

C. 视准轴不垂直横轴　　D. 指标差

二、填空题

1. 工程测量放样的基本原则是________、________、________。

2. 某直线的反方位角为123°20′,则它的正方位角为________,象限角为________。

3. 衡量观测值精度的指标是________、________和________。

4. 路线上里程桩的加桩有________、________、________、________。

5. 小区域平面控制网一般采用________和________。

6. 导线测量的外业工作是________、________、________。

7. 经纬仪由________、________、________三部分组成。

8. 测量误差是由于________、________、________三方面的原因产生的。

9. 已知后视 A 点高程 H_a,A 尺读数为 a,前视 B 尺读数为 b,其视线高为________,B 点高程为________。

10. 交会法定点分为________和________两种方法。

11. 圆曲线的测设要素是指________、________、________、________。

12. 测量工作的基本内容是________、________、________。

13. 经纬仪安置过程中,整平的目的是使________________,对中的目的是使________与________位于同一铅垂线上。

14. 水准仪的检验和校正的项目有________、________、________。

15. 用经纬仪对某角观测四次,由观测结果算得观测值中误差为±20″,则该角的算术平均值中误差为________。

16. 从 A 点至 B 点进行往返水准测量,其高差为:往测 3.625m;返测 -3.631m,则 A、B 两点之间的高差 h_{AB}________。

17. A 点在大地水准面上,B 点在高于大地水准面 100m 的水准面上,则 A 点的绝对高程是________,B 点的绝对高程是________。

18. 观测误差按其性质可分为________和________两类。

19. 地形图应用的基本内容包括________、________、________、________、________、________、________、________。

20. 坐标方位角和象限角的取值范围分别是________和________。

21. 丈量基线边长应进行的三项改正计算是________、________、________。

22. 设有闭合导线 $ABCD$,算得纵坐标增量 $\Delta X_{BA} = +100.00\text{m}$,$\Delta X_{CB} = -50.00\text{m}$,$\Delta X_{CD} = -100.03\text{m}$,$\Delta X_{AD} = +50.01\text{m}$,则纵坐标增量闭合差 $f_x =$________。

23. 用测回法观测水平角,可以消除仪器误差中的________、________、________。

24. 横断面图必须由________、由________按照桩号顺序点绘。

25. 公路施工测量主要包括________、________、________及竖曲线的放样等项工作。

26. GPS 工作卫星的地面监控系统目前主要由分布在全球的________个主控站、________个信息注入站和________个监测站组成，是整个系统的中枢。

27. 施工测量俗称"________"，是测量工作的另一种形式，也是保证施工质量的一个重要环节。

28. 施工测量是指通过对已知________与________进行反算，从而得到了放样所需要的________、________、________数据；然后根据放样数据用测量仪器标定出设计点的实地位置，并埋设标志，作为施工的依据。

29. 对于一般精度要求的水平角，可采用盘左、盘右的________测设。

30. 当测设精度要求较高的水平角时，可采用________测设。

31. 在地面上测设已知点平面位置的方法，可根据控制点分布的情况、地形及现场条件等，选用________、________、________、________、________等几种。

32. 因道路施工时，必然将原测设的中桩挖掉或掩埋，为了在施工中能够有效地控制中桩的位置，就需要在不易被施工损坏、便于引测和保存桩位的地方设置施工控制桩。常用的测设方法有________、________两种。

33. 路基边桩测设是指在地面上将每一个横断面的路基边坡线与地面的交点用木桩标定出来。边桩的位置由两侧边桩至中桩的________来确定。

34. 在路线纵坡的转折处，为了满足行车平顺和视距的要求，通常用一段曲线来缓和，称为________。当竖曲线转坡点在曲线上方时为________，反之为________。

35. 桥梁和涵洞施工测量的主要内容包括________、________、________等。桥梁施工测量的方法及精度要求随着________、________、________情况而定。

36. 涵洞施工测量时，要首先放出涵洞的________，即根据设计图纸上涵洞的里程，放出的________与________交点，并根据涵洞轴线与路线中线的夹角，放出涵洞的轴线方向。

37. 隧道施工测量的主要任务，是要保证隧道相向开挖时，能够按规定的精度正确贯通，并使隧道在施工后________和________不超过规定的界限。

38. 在对向掘进隧道的贯通面上，对向测量标设在隧道中线产生偏差，这种偏差称为________。

39. 贯通误差包括________、________、________。

40. 隧道平面控制测量常用的方法有________、________、________。

41. 高程控制测量的任务是按照规定的精度，测量隧道洞口（包括隧道________、________、________和________）附近水准点的高程，以建立隧道施工时的统一高程系统，作为高程引测进洞的依据。

42. 隧道中的导线点如果设在顶板上，测角时需点下对中，又称________。

43. 洞内水准测量，一般每隔________设置一个固定水准点。

44. 导入高程的方法一般有________、________和________。

45. 横断面测量的方法一般有________、________、________三种。

46. 道路高程测量包括________与________两项。

47. 道路纵断面的纵向表示________，其比例一般采用________；而横向则表示________，其比例一般采用________。

48. 横断面测量应先确定横断面的________，然后在此基础上测定地面坡度变化点或特征点的________和________。

49. 纵断面及横断面中的线条一般指__________和__________两种。

50. 一般情况下,水准点间距宜为__________;山岭重丘区可根据需要适当加密。

51. 跨越沟谷中平测量的方法主要有__________和__________两种。

52. 已知道路交点桩号为 K2 + 215. 14,圆曲线切线长为 61. 75m,则圆曲线起点的桩号为__________。

53. 用切线支距法测设圆曲线一般是以__________为坐标原点,以__________为 x 轴,以__________为 y 轴。

54. 全站仪测量前的准备工作有__________、__________、__________、__________。

55. 全站仪测距误差可分为__________和__________两类。

56. 棱镜是全站仪测量时不可缺少的合作目标,它受测程长短的限制,一般较短测程观测时采用__________观测,而在远程观测时则可采用__________或__________。

57. 圆曲线的详细测设中,曲线上设桩通常有__________和__________。目前公路中线测量中一般采用__________。

三、简答题

1. 公路施工放样的主要任务有哪些?

2. 为做到放样尽可能的准确,施工测量的基本原则是什么?

3. 施工放样的基本工作有哪些?

4. 路基边桩的放样方法有哪些?

5. 路线纵断面图的下部图标,注有相关测量及纵坡设计的资料,包括的主要内容有哪些?

6. 何谓转角、转点、桩距、里程桩、地物加桩?

7. 简述正倒镜分中延长直线的操作方法。

8. 简述等高线的性质。

9. 何谓坡度? 在地形图上怎样确定两点间的坡度?

10. 何谓地形图及地形图比例尺?

11. 何谓等高线、等高距? 等高线有哪几种?

12. 一般的测图方法有哪几种?

13. 简述导线坐标计算的一般步骤。

14. 导线测量的外业工作有哪些?

15. 小地区控制测量的导线布设形式有哪些?

16. 简述四等水准测量(双面尺)一个测站的观测程序。

17. 为敷设经纬仪导线,在选点时应考虑哪些因素?

18. 简述全站仪的主要用途。

19. 简述使用全站仪进行工程测量时,应注意的事项。

20. 简述光学经纬仪对中、整平的步骤。

21. 在测量过程中产生误差的原因主要有哪些?

22. 如何测定圆曲线段上横断面方向?

23. 何谓坐标正算和坐标反算? 坐标反算时应注意什么?

24. GPS 的主要特点有哪些?

25. 等精度观测中，为什么说算术平均值是最可靠的值?

26. 试述路线测角组的工作内容。

27. 水平角观测时应注意哪些事项?

28. 什么是系统误差和偶然误差?

29. 试推导出圆曲线主点元素的计算公式。

30. 什么是误差三角形? 什么是中平测量? 什么是竖盘指标差?

四、计算题

1. 调整表 4-1 中附合水准路线等外水准测量观测成果，并求出各点高程。

水准测量成果整理 表 4-1

点号	测站数 n	观测高差(m)	改正数(mm)	改正后高差(m)	高程(m)
A					65.376
	8	+1.575			
1					
	12	+2.036			
2					
	14	-1.742			
3					
	16	+1.446			
B					68.623
Σ					
辅助计算	$f_h =$ $f_{h容} = \pm 12\sqrt{n} =$				

2. 已知控制点 A、B 及待定点 P 的坐标如下：

$x_A = 189.000$m，$y_A = 102.000$m，$x_B = 185.165$m，$y_B = 126.702$m，$x_P = 200.000$m，$y_P = 124.000$m。计算用角度交会法放样 P 点所需的测设数据。

3. 已知某交点 JD 的桩号 K5 +119.99，右角为 136°24′，半径 $R = 300$m。试计算圆曲线元素和主点里程，并且叙述圆曲线主点的测设步骤。

4. 设 A、B、C 三点成三角形内角，$m_A = \pm 3''$，$m_B = \pm 4''$，求 C 点的中误差。

5. 用钢尺丈量一条直线，往测丈量的长度为 217.30m，返测为 217.38m，现规定其相对误差不应大于 1/2000，试问：

(1)此测量成果是否满足精度要求?

(2)按此规定，若丈量 100m，往返丈量最大可允许相差多少毫米?

6. 从水准点 A 用支水准路线测得 1 号点的往测高差为 -28.465m，返测高差为 28.451m，$H_A = 50.000$m。计算高差闭合差 f_h 和 1 号点的高程 H_1。

7. 在管水准器的检验与校正中，将仪器架于离 A、B 等距离处，测得 $h_{AB} = 0.567$m，将仪器移近后视点 A 尺，得后视 $a = 1.674$m，前视读数 $b = 1.120$m。

问：(1) $LL // CC$?

(2)准管气泡居中时，视线是上倾还是下倾?

(3)如何校正?

8. 如图 4-1 所示的中平测量方法，已知 BM_5 至 BM_6 之距约为 1km，基平测得 BM_6 高程为 57.932m，要求中平测量精度为 $f_{h容} = \pm 40\sqrt{L}$(mm)。试计算出中平测量记录表(表 4-2)中的中桩点高程。

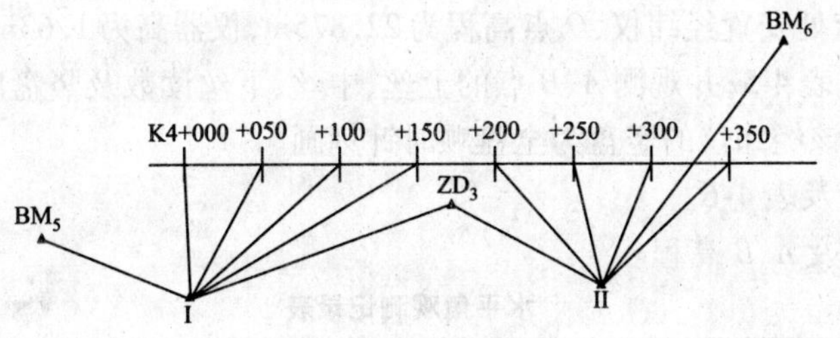

图 4-1 中平测量

中平测量记录表

表 4-2

立尺点	水准尺读数(m)			视线高(m)	高程(m)
	后视	中视	前视		
BM$_5$	1.347				58.322
K4 +000		1.33			
+050		1.35			
+100		1.71			
+150		2.56			
ZD$_3$	1.558		1.619		
+200		1.49			
+250		1.87			
+300		1.63			
+350		0.66			
BM$_6$			1.69		

9. 完成竖直角观测手簿(表 4-3)(竖直度盘顺时针注记,测站:N,仪器高:1.47m)。

竖直角观测记录表

表 4-3

目标	水平距离(m)	目标高(m)	竖盘读数		指标差(″)	竖直角(° ′ ″)	备注
			盘左(° ′ ″)	盘右(° ′ ″)			
1	120	2.00	79 31 06	280 29 18			
2	85	2.50	102 51 42	257 08 00			

10. 在地面上有一矩形 $ABCD$,$AB = 40.38\text{m} \pm 0.03\text{m}$,$BC = 33.42\text{m} \pm 0.02\text{m}$,求面积及其中误差。

11. 已知水平角观测数据如下,试完成表 4-4 中内容。

水平角观测记录表

表 4-4

测站	盘位	目标	水平度盘读数(° ′ ″)	水平角		备注
				半测回(° ′ ″)	一测回(° ′ ″)	
O	盘左	A	0 01 24			
		B	60 50 30			
	盘右	B	240 50 30			
		A	180 01 30			

12. 已知在 O 点处安置经纬仪，O 点高程为 22.875m，仪器高为 1.63m，观测 A、B 两点的水平度盘度数，记录见表 4-5；并观测 A、B 点的上丝、中丝、下丝读数及竖盘度数，分别记录，见表 4-6 及表 4-7。已知该经纬仪的竖盘为全盘顺时针刻画。

(1)完成表 4-5 及表 4-6。

(2)计算 AB 长及 A、B 高程。

水平角观测记录表 表 4-5

测站	盘位	目标	水平度盘读数(° ′ ″)	水平角		备注
				半测回(° ′ ″)	一测回(° ′ ″)	
O	左	A	0 01 20			A B O
		B	49 50 10			
	右	A	180 01 50			
		B	229 50 15			

竖直角观测记录表 表 4-6

测站	目标	盘位	读数(° ′ ″)	指标差(″)	测角值(° ′ ″)
O	A	左	73 44 12		
		右	286 16 12		
	B	左	114 03 42		
		右	245 56 54		

经纬仪视距读数记录表 表 4-7

测站	目标	上、中、下丝	读数(m)
O	A	上丝	1.29
		中丝	1.39
		下丝	1.49
	B	上丝	2.37
		中丝	2.50
		下丝	2.63

13. 试计算虚交点的曲线测设元素(见图 4-2)、主点里程，并简述曲线主点测设的方法与步骤。

已知：$R = 40$m，基线 $AB = 25$m，$\angle B = 30°$，$\angle A = 45°$，A 点里程为 K2 + 364.70，$\sin 75° = 0.965926$，$\tan 18.75° = 0.339454$。

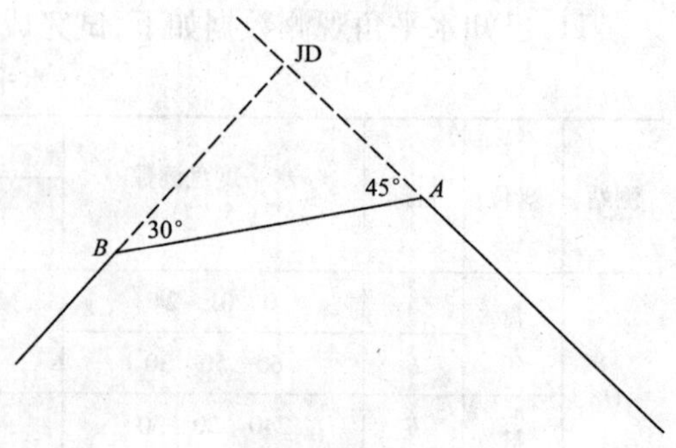

图 4-2 曲线测设

4.2 科目二:公路工程试验与检测考核题库

一、单项选择题

1. 集料表观密度、堆积密度、毛体积密度的大小顺序应是(　　)。

A. 表观密度 > 堆积密度 > 毛体积密度　　B. 堆积密度 > 表观密度 > 毛体积密度

C. 表观密度 > 毛体积密度 > 堆积密度　　D. 堆积密度 > 毛体积密度 > 表观密度

2. 石料毛体积密度为 $2.670g/cm^3$,石料真密度为 $2.785g/cm^3$,则石料孔隙率应为(　　)。

A. 4.13%　　B. 5.13%　　C. 6.13%　　D. 7.13%

3. 石料的含水率、吸水率和饱水率的大小顺序应是(　　)。

A. 含水率 > 吸水率 > 饱水率　　B. 饱水率 > 吸水率 ≥ 含水率

C. 吸水率 > 饱水率 ≥ 含水率　　D. 饱水率 > 含水率 ≥ 吸水率

4. 含水率为 5% 的中砂 2100g,其干燥时的质量应是(　　)。

A. 1995g　　B. 1990g　　C. 2000g　　D. 2005g

5. 确定细集料级配的根据是(　　)。

A. 筛分曲线　　B. 细度模数　　C. 砂率　　D. 平均粒径

6. 对于同一种含孔材料,下列密度中数值最大的是(　　)。

A. 堆积密度　　B. 毛体积密度　　C. 表观密度　　D. 真实密度

7. 集料的压碎值能间接地反映集料母岩的(　　)。

A. 坚固性　　B. 抗压强度　　C. 磨耗性　　D. 冲击性

8. 石料抵抗冲击、剪切和摩擦等综合作用的性能称为(　　)。

A. 抗压强度　　B. 抗磨光性　　C. 磨耗性　　D. 磨耗值

9. 在沥青混合料中应优先选用的集料是(　　)。

A. 碎石　　B. 中性石料　　C. 酸性石料　　D. 碱性石料

10. 用水煮法测定沥青与石料黏附性的适用范围是(　　)的集料。

A. >13.2mm　　B. <13.2mm　　C. ≤13.2mm　　D. ≥13.2mm

11. 用水浸法测定沥青与石料黏附性的适用范围是(　　)的集料。

A. >13.2mm　　B. <13.2mm　　C. ≤13.2mm　　D. ≥13.2mm

12. 评定石料等级的主要依据是石料抗压强度和(　　)。

A. 磨耗值　　B. 磨耗率　　C. 压碎值　　D. 冲击值

13. 粗集料的级配按供应情况有(　　)和(　　)两种级配。

A. 单粒级,间断　　B. 连续,单粒级

C. 连续,间断　　D. 碎石,卵石

14. 随着粗集料最大粒径的增大,集料的空隙率及总表面积则随之(　　)(级配良好)。

A. 均减小　　B. 均增大　　C 基本不变　　D. 前者减小,后者增大

15. 两种砂子,以下说法正确的是(　　)。

A. 细度模数相同则级配相同　　B. 细度模数相同但是级配不一定相同

C. 细度模数不同级配不一定相同　　D. 级配相同细度模数不一定相同

16. 若砂子的筛分曲线落在规定的三个级配区中的任一个区,则(　　)。

A. 级配及细度模数都合格,可用于配制混凝土

B. 级配合格,但可能是特细砂或特粗砂

C. 只能说明颗粒级配合格,细度模数是否合适不确定

D. 细度模数合适,但级配不一定合格

17. 普通混凝土用砂的细度模数范围一般在(　　),其中以中砂为宜。

A. 3.7 ~ 3.1　　B. 3.0 ~ 2.3　　C. 2.2 ~ 1.6　　D. 3.7 ~ 1.6

18. 用游标卡尺法测量粗集料颗粒最大长度方向与最大厚度方向的尺寸之比大于(　　)的颗粒为针片状颗粒。

A. 2　　B. 2.4　　C. 2.5　　D. 3

19. 有效氧化钙测定中,酚酞指示剂加入试样溶液中,溶液呈(　　)色。

A. 黄　　B. 红　　C. 玫瑰红　　D. 粉红

20. 石灰消解时要"陈伏"两个星期,其目的是为了(　　)。

A. 消除过火石灰的危害　　B. 消除欠火石灰的危害

C. 有利于结晶　　D. 降低发热量

21. 安定性不合格的水泥属于(　　)。

A. 优质水泥　　B. 不合格水泥　　C. 废品水泥　　D. 合格水泥

22. 水泥在不同龄期的强度增长规律是龄期越长其强度(　　)。

A. 不变　　B. 越小　　C. 越大　　D. 不确定

23. 消石灰的主要成分是(　　)。

A. CaO　　B. MgO　　C. $Ca(OH)_2$　　D. $Ca(OH)_2$ 和水

24. 生产硅酸盐水泥的原料主要是石灰质原料和(　　)质原料。

A. 黏土　　B. 石膏　　C. 铁矿砂　　D. 铝粉

25. 普通硅酸盐水泥的初凝时间必须是(　　)。

A. >45min　　B. ≥45min　　C. <45min　　D. ≤45min

26. 普通硅酸盐水泥的终凝时间必须是(　　)。

A. >600min　　B. ≥600min　　C. <600min　　D. ≤600min

27. 石灰硬化的理想条件是在(　　)中进行。

A. 水中　　B. 潮湿环境　　C. 空气　　D. 干燥环境

28. 拌制水泥胶砂时水泥与 ISO 标准砂是按(　　)的比例来配制的。

A. 1:1　　B. 1:2　　C. 1:2.5　　D. 1:3

29. 用沸煮法检验水泥体积安定性,只能检查出(　　)的影响。

A. 游离 CaO　　B. 游离 MgO　　C. 石膏

30. 对高温车间工程施工,最好选用(　　)水泥。

A. 普通硅酸盐　　B. 火山灰硅酸盐　　C. 矿渣硅酸盐　　D. 高铝

31. 大体积水下混凝土施工应选用(　　)。

A. 矿渣水泥　　B. 硅酸盐水泥　　C. 普通水泥　　D. 高铝水泥

32. 用负压筛法测定水泥细度时,负压在(　　)Pa 范围内正常。

A. 3000 ~ 4000　　B. 4000 ~ 5000　　C. 4000 ~ 6000　　D. 5000 ~ 6000

33. 水泥胶砂 3d 强度试验应在(　　)时间里进行。

A. 72h ± 30min　　B. 72h ± 45min　　C. 72h ± 1h　　D. 72h ± 3h

34. 水泥试验室温度为(　　),相对湿度不低于(　　)。

A. 20℃ ±1℃,50%　　B. 20℃ ±2℃,50%

C. 20℃ ±1℃,90%　　D. 20℃ ±2℃,90%

35. 当坍落度为 12cm 的水泥混凝土抗压强度试件成型时,应采用(　　)方法成型。

A. 标准振动台法　B. 插入式振动棒成型　C. 人工成型　D. 前三种兼用

36. 测定混凝土凝结时间,采用的方法(　　)。

A. 沉入度法　B. 压入法　C. 贯入阻力法　D. 振动法

37. 坍落度小于(　　)的新拌混凝土,应采用维勃稠度法测定其工作性。

A. 20mm　B. 15mm　C. 10mm　D. 5mm

38. 水泥混凝土抗压强度试验时应连续均匀加载,当混凝土强度等级≥C30,且 <C60 时,加荷速度应为(　　)MPa/s。

A. 0.2 ~0.5　B. 0.3 ~0.5　C. 0.5 ~0.8　D. 0.8 ~1.0

39. 决定普通水泥混凝土强度的主要基本参数为(　　)。

A. 单位用水量　B. 单位水泥用量　C. 水灰比　D. 砂率

40. 冬季施工水泥混凝土时,如有必要,常用的外加剂是(　　)。

A. 减水剂　B. 早强剂　C. 速凝剂　D. 缓凝剂

41. 建筑砂浆抗压强度试件是以几块为一组(　　)。

A. 3 块　B. 4 块　C. 5 块　D. 6 块

42. C30 表示水泥混凝土的(　　)等于 30MPa。

A. 立方体抗压强度值　B. 立方体抗压强度标准值　C. 强度等级

43. 坍落度试验适用于坍落度值不小于(　　)mm 的新拌混凝土。

A. 10　B. 25　C. 40　D. 50

44. 坍落度试验适用于集料最大粒径不大于(　　)mm 的新拌混凝土。

A. 10　B. 16　C. 20　D. 40

45. 测定混凝土拌和物坍落度时,应量测坍落度筒顶面与坍落后的混凝土拌和物顶面(　　)处之间的距离。

A. 中间点　B. 最高点　C. 最低点

46. 普通混凝土立方体抗压强度试件需进行标准养护,其养护温度为(　　)℃,相对湿度为大于(　　)%。

A. 20 ±2,95　B. 20 ±3,90　C. 20,95　D. 15 ~23,90

47. 砂浆的流动性可用砂浆稠度仪测定其(　　)值来表示,砂浆的保水性用(　　)表示。

A. 坍落度,分层度　B. 坍落度,泌水率　C. 稠度,泌水率　D. 稠度,分层度

48. 黏土砖在砌筑墙体前一般要经过浇水润湿,其目的是为了(　　)。

A. 把砖冲洗干净　　B. 保证砌筑砂浆的稠度

C. 防止砖吸水过快,影响砂浆的强度　　D. 防止砖表面灰尘影响砂浆的凝结

49. 评价沥青热致老化的试验中有(　　)试验。

A. 沥青薄膜加热　B. 软化点　C. 马歇尔稳定度　D. 闪点

50. 在黏稠沥青技术标准中,(　　)是划分沥青等级的主要指标。

A. 针入度　B. 延度　C. 软化点　D. 闪点

51. 石油沥青和煤沥青(　　)混合掺配使用。

A. 可以各 50%　　B. 可以任意比例

C. 可以各为 20% 和 80%　　D. 不宜

52. 沥青混合料中填料宜采用(　　)矿粉。

A. 酸性岩石　　B. 碱性岩石　　C. 中性岩石　　D. 亲水性岩石

53. 马歇尔稳定度(MS)是在标准试验条件下,试件破坏时的(　　)。

A. 最大应力(kN/mm^2)　　B. 最大变形(mm)

C. 单位变形的荷载(kN/mm)　　D. 最大荷载(kN)

54. 沥青密度试验温度为(　　)。

A. 10℃　　B. 25℃　　C. 15℃　　D. 20 ℃

55. 用标准黏度计测沥青黏度时,在相同温度和相同孔径条件下,流出时间越长,表示沥青的黏度(　　)。

A. 越大　　B. 越小　　C. 无相关关系　　D. 不变

56. 牌号为 Q235-Bb 的钢,其 235 表示(　　),b 表示(　　)。

A. 屈服强度,质量等级　　B. 屈服强度,半镇静钢

C. 抗拉强度,半镇静钢　　D. 抗拉强度,质量等级

57. σ_s(0.2)表示钢的(　　),0.2 表示(　　)。

A. 条件屈服强度,产生 0.2% 残余变形　　B. 条件屈服强度,产生 20% 残余变形

C. 抗拉强度,产生 0.2% 残余变形　　D. 抗拉强度,产生 20% 残余变形

58. 无机结合料稳定材料无侧限抗压强度试验中,对试件施压速度是(　　)。

A. 5mm/min　　B. 2mm/min　　C. 1mm/min　　D. 0.5mm/min

59. 无机结合料稳定材料无侧限抗压试件在养护期间,中试件水分损失不应超过(　　)。

A. 4g　　B. 3g　　C. 2g　　D. 1g

60. 无机结合料稳定土的无侧限抗压强度试件,在整个养生期间试验规定温度为,在南方地区应保持(　　)。

A. 20℃ ±2℃　　B. 22℃ ±2℃　　C. 24℃ ±2℃　　D. 25℃ ±2℃

61. 二灰碎石无侧限抗压试件制备时,试件直径和高均为 15cm,二灰碎石最大干密度为 $2.130g/cm^3$,最佳含水率为 9.2%,压实度标准为 95%,则制备 1 个二灰碎石试件需称湿混合料(　　)g(取 1 位小数)。

A. 4911.8　　B. 5646.0　　C. 5857.2　　D. 6165.5

62. 击实试验结果整理时,若有超粒径的土颗粒,则(　　)。

A. 均可按照规范的公式修正

B. 超粒径百分含量小于 30% 可以按规范公式修正

C. 不需进行修正

D. 修正不修正都可以

63. 土的粒组划分中,粗粒组与细粒组的粒度筛分分界线为(　　)。

A. 0.5mm　　B. 0.25mm　　C. 0.074mm　　D. 以上都不是

64. 测定土的含水率的标准方法是(　　)。

A. 酒精燃烧法　　B. 烘箱烘干法　　C. 标准击实法　　D. 氯化钙法

65. 土的含水率是指在(　　)下烘至恒量所失去水分质量与达恒量后干土质量的比值。

A. 105 ~ 110　　B. 100 ~ 105　　C. 100 ~ 110　　D. 100 以上

66. 土从可塑状态到半固态状态的界限含水率为(　　)。

A. 缩限　B. 塑限　C. 液限　D. 塑性指数

67. 测定水泥稳定土的含水率要在(　　)条件下烘干。

A. 先放入烘箱同时升温到105~110℃　B. 提前升温到105~110℃

C. 先放入烘箱同时升温到65~70℃　D. 提前升温到65~70℃

68. 酒精燃烧法测定含水率需燃烧试样的次数为(　　)。

A. 3次　B. 5次　C. 2次　D. 4次

69. 土的缩限含水率是指(　　)的界限含水率。

A. 塑态转为流态　B. 半固态转为固态　C. 塑态转为固态　D. 半固态转为塑态

70. 烘干法是测定土的含水率的标准方法,烘干时间对于细粒土时间不得少于(　　)h。

A. 4　B. 6　C. 8　D. 10

二、多项选择题

1. 粗集料的毛体积密度是在规定条件下,单位毛体积的质量。其中毛体积包括(　　)。

A. 矿质实体　B. 闭口孔隙　C. 开口孔隙　D. 颗粒间空隙

2. 粗集料的强度常用(　　)指标表示。

A. 集料压碎值　B. 坚固性　C. 软石含量　D. 洛杉矶磨耗损失

3. 粗集料针片状颗粒含量的测试方法有(　　)。

A. 规准仪法　B. 坚固性法　C. 淘洗法　D. 游标卡尺法

4. 下列材料中属于无机胶凝材料有(　　)。

A. 水泥　B. 石灰　C. 沥青　D. 树脂

5. 水泥混凝土试配强度计算涉及的因素有(　　)。

A. 混凝土强度等级　B. 水泥强度等级　C. 施工水平　D. 强度保证率

6. 沥青混合料的主要技术指标有(　　)。

A. 高温稳定性　B. 低温抗裂性　C. 耐久性　D. 抗滑性

7. 针入度的试验条件有(　　)。

A. 标准针及附件总质量　B. 试验温度

C. 针入度试样时间　D. 针入试样深度

8. 软化点的试验条件有(　　)。

A. 加热温升速度　B. 试件直径　C. 加热起始温度　D. 软化温度

9. 延度试验条件有(　　)。

A. 拉断长度　B. 拉伸速度　C. 试验温度　D. 试件大小

10. 土的液限和塑限联合试验法条件有(　　)。

A. 锥入土深度　B. 锥质量　C. 锥体沉入土样时间　D. 锥角

11. 土的轻型击实与重型击实试验方法的不同点是(　　)。

A. 锤质量　B. 试筒尺寸　C. 锤落高　D. 锤底直径

12. 测含有石膏和有机能质土的含水率时,烘箱的温度可采用(　　)℃。

A. 70　B. 100　C. 105　D. 65

13. 土的界限含水率测定可评价(　　)。

A. 各种土的状态　B. 黏性土的状态

C. 土的塑性范围的大小　D. 黏性土的结构

14. 土的级配情况的评价指标有(　　)。

A. 土粒直径　　B. 不均匀系数　　C. 曲率系数　　D. 以上都不是

15. 土颗粒分析的方法有(　　)。

A. 比重计法　　B. 筛分法　　C. 沉降法　　D. 移液管法

16. 对砂子的细度模数计算式中,分子上减去5A5 解释完整的是(　　)。

A. 大于5mm 颗粒为粗集料,应扣5A5

B. 大于5mm 为粗集料,小于5mm 筛孔有5 级,A5 被累计了5 次

C. 大于5mm 为粗集料,A5 被累计了5 次,应扣除5A5

D. 从5mm 以下各筛的累计筛余中分别扣除5mm 筛上的累计筛余

17. 沥青混凝土施工中发现压实的路面上出现白点,你认为可能产生的原因是(　　)。

A. 粗集料针片状颗粒含量高　　B. 粗集料中软石含量过高

C. 拌和不均匀　　D. 碾压遍数过多

18. 混凝土抗折强度试验采用三分点处双加荷装置,下列说法中正确的是(　　)。

A. 三个加荷点　　B. 两个加荷点

C. 两加荷点位于标距三等分处　　D. 两加荷点位于三等分标距处

19. 水泥凝结时间用小时(h)和分(min)表示,下述几种表示方法正确的是(　　)。

A. 5 小时,20 分　　B. 5h20min　　C. 5:20　　D. 5h,20min

20. 沥青混合料抽提试验的目的是检查沥青混合料的(　　)。

A. 沥青用量　　B. 矿料级配　　C. 沥青标号　　D. 矿料与沥青的黏附性

21. 单位用水量主要影响水泥混凝土的(　　)。

A. 强度　　B. 耐久性　　C. 工艺性　　D. 坍落度

22. 砂中云母含量过大,会影响混凝土拌和物和硬化混凝土的(　　)。

A. 拌和物和易性　　B. 保水性　　C. 抗冻性　　D. 抗渗性

23. 混凝土立方体抗压强度标准值的含义包括(　　)。

A. 按标准方法制作的150mm 的立方体试件

B. 试件标准养护至28d

C. 用标准方法测定的立方体抗压强度总体分布的一个值

D. 具有95%保证率的抗压强度

24. 沥青混合料摊铺温度主要与(　　)有关。

A. 拌和温度　　B. 沥青种类　　C. 沥青标号　　D. 气温

三、判断题(判断正误,并将错题改正)

1. 细度模数是划分砂子粗细程度的唯一方法。　(　　)
2. 集料的吸水率就是含水率。　(　　)
3. 普通水泥混凝土集料中凡粒径 >4.75mm 者为粗集料。　(　　)
4. 集料含水率是指集料试样中水的质量占集料试样质量的百分率。　(　　)
5. 集料的含水状态共分为干燥状态、饱和面干状态和湿润状态。　(　　)
6. 集料间断级配的表观密度比连续级配的表观密度大。　(　　)
7. 沸煮法主要检测水泥中是否含有过量的游离 CaO、游离 MgO 和三氧化硫。　(　　)
8. 水泥包装标志中水泥品种、强度等级、生产者名称和出厂编号不全的属于不合格品。　(　　)
9. 硅酸盐水泥技术指标中,初凝时间要求愈短愈好。　(　　)

10. 过火石灰因熟化缓慢，所以石灰使用时必须提前消解。 ( )

11. 石灰中活性 CaO 和活性 MgO 含量越多则这种石灰质量越好。 ( )

12. 石灰是气硬性胶凝材料，所以由熟石灰配制的灰土和三合土均不能用于受潮的工程中。 ( )

13. 测定水泥强度用的胶砂质量比为：水泥∶普通砂 =1∶3.0。 ( )

14. 水泥混凝土在空气中养护要比在水中养护的强度要高。 ( )

15. 在结构尺寸及施工条件允许下，尽可能选择较大粒径的粗集料，这样可节约水泥。 ( )

16. 在混凝土拌和物中，保持 w/c 不变增加水泥浆量，可增大拌和物流动性。 ( )

17. 对坍落度大于 220mm 的混凝土拌和物应测定坍落度扩展度值。 ( )

18. 砂浆的流动性是用分层度表示的。 ( )

19. 水泥石中的某些活性成分，能与含碱量高的集料进行反应，此称碱—集料反应。 ( )

20. 石油沥青的黏滞性可以用针入度指标来表示，针入度值的单位是“mm”。 ( )

21. 在沥青混合料中应优先采用碱性矿粉。 ( )

22. 马歇尔稳定度试验时的温度愈高，则稳定度愈大，流值也愈大。 ( )

23. 沥青混合料中沥青含量越高，则沥青混合料的马歇尔稳定度越高。 ( )

24. 在沥青混合料中加入矿粉的目的是提高沥青混合料的密实度和增大矿料的比表面积。 ( )

25. 对于测定针入度大于 200(0.1mm) 的沥青试样，应做 3 次平行试验，在同时试验数量较多、标准针不够时，允许使用一个标准针，但必须洗干净才能进行下一个平行试验检验。( )

26. 在沥青延度试验中，发现沥青丝浮于水面，应向水中加入酒精。 ( )

27. 钢材的伸长率公式 $\delta=(L_1-L_0)/L_1$，式中：L_1 为试件拉断后的标距长度，L_0 为试件拉断原标距长度。 ( )

28. EDTA 滴定法快速测定石灰剂量试验中，钙红指示剂加入石灰土和氯化铵反应，溶液呈纯蓝色。 ( )

29. 击实试验的原理与压缩试验的原理一样，都是土体受到压密。 ( )

30. 土的颗粒大小分析法有筛分法和比重计法。 ( )

31. 击实试验中，最后一层超出筒顶越高，试件所受的击实功越大，也就越密实。 ( )

32. 直剪试验方法分为快剪、固结快剪及慢剪三种。 ( )

33. 做击实试验时，击实筒可以放在任何地基上。 ( )

34. 石料抗压强度试验，试件可以是边长为 50mm 的立方体，也可以是直径和高均为 50mm 的圆柱体。 ( )

35. 在评价水泥质量时，凡氧化镁、三氧化硫、凝结时间、体积安定性中的任一项不符合国家标准规定时，则此水泥为废品。 ( )

36. 沥青饱和度是指压实沥青混合料中的沥青体积填充矿料间隙体积的百分率。( )

37. 沥青混合料中的剩余空隙率，其作用是以备高温季节沥青材料膨胀。 ( )

38. 用高强度等级水泥配制低强度等级混凝土，不但能减少水泥的用量，混凝土的强度能得到保证，而且混凝土的耐久性也会变好。 ( )

39. 两种砂子的细度模数相同，它们的级配不一定相同。 ( )

40. 新拌水泥混凝土的坍落度随砂率的增大而减小。 ( )

41. 沥青与矿料的黏附等级越高,说明沥青与矿料的黏附性越好。 ( )

42. 用于质量仲裁检验的沥青样品,重复加热的次数不得超过两次。 ( )

43. 沥青针入度越大,其温度稳定性越好。 ( )

44. 水泥混凝土的强度等级与标号只是叫法不同,其含义并无区别。 ( )

45. 水泥混凝土的凝结时间是指从水泥混凝土加水拌和开始到贯入阻力为 20MPa 时的一段时间。 ( )

46. 水泥混凝土所用粗集料限制活性 SiO_2 的目的是为了提高水泥与石料的黏结力。 ( )

47. 工程中常用油石比来表示沥青混合料中的沥青用。 ( )

48. 增加细砂的用量,可增加沥青混凝土的空隙率,减小矿料的间隙率。 ( )

49. 碱性石料与沥青黏附性好,通常是用石料的水溶液的 pH 值来判断石料的酸碱性。( )

50. 沥青软化点试验时,当升温速度超过规定的升温速度时,试验结果将偏高。 ( )

四、简答题

1. 简述干筛法、水筛法的适用范围。

2. 混凝土的用水量随下列指标(情况)如何变化?

指标(情况)	坍落度增加	粗集料最大粒径变小	砂的细度模数增加	砂率降低
混凝土用水量				

3. 石油沥青的黏滞性、塑性、脆性、感温性和安全性各用什么指标或系数表示?

技术性质	黏滞性	塑性	感温性	安全性
指标或系数				

4. 试分析下列几种水泥的干缩性(用“大、较大、小、较小”表示)。

水泥品种	普通水泥	矿渣水泥	粉煤灰水泥	火山灰水泥
干缩性				

5. 与钢筋相比,钢绞线的下列性能特征将如何变化?

强度	伸长率	与混凝土黏结力	一般用几根钢丝绞合而成	用于何种混凝土结构

6. 石料的吸水性、吸湿性、抗冻性和磨耗性各用什么指标或系数表示?

技术性质	吸水性	吸湿性	抗冻性	磨耗性
指标或系数				

7. 普通碳素结构钢随着含碳量的增加,其下列性能有何变化?

含碳量	可焊性	冷弯性能	韧性	屈服强度
增加				

8. 与硅酸盐水泥相比,矿渣硅酸盐水泥的下列特性将如何变化?

硬化	早期强度	水化热	抗冻性	耐热性	抗渗性

9. 影响压实的因素有哪些？

10. 简述混凝土粗集料最大粒径的限制条件。

11. 水泥混凝土配合比设计中的三个参数四个要求是什么？

12. 沥青混合料的主要技术指标有哪些？

13. 路用石料有哪几项主要技术性能指标？

14. 水泥混凝土和沥青混合料中粗、细集料的划分界线是怎样规定的？

15. 试述沥青用量的变化对沥青混合料马歇尔试验结果有何影响？

五、计算题

1. 现有某砂的筛分结果如表4-8所示，请填满下表并计算出该砂的细度模数。

某砂筛分结果 表4-8

筛孔尺寸 d_i(mm)	4.75	2.36	1.18	0.60	0.30	0.15	<0.15
存留量 m_i(g)	40.5	91.0	36.0	154.0	120.0	39.5	19.0
分计筛余百分率 a_i(%)							
累计筛余百分率 A_i(%)							
通过百分率 P_i(%)							

细度模数＝

2. 碎石、石屑、砂和矿粉等原材料的筛分曲线如图4-3所示，试用图解法求矿质混合料的百分比(直接标示于图中便可)。

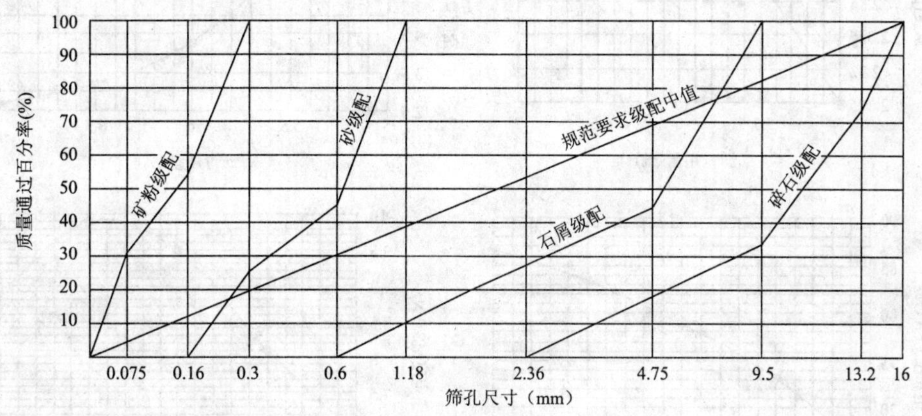

图4-3 碎石、石屑、砂和矿粉的筛分曲线

3. 试计算某钢筋混凝土桥T梁用混凝土的初步配合比。

已知：(1)混凝土设计强度等级为C40，混凝土强度标准差为6.0MPa，要求混凝土拌和物坍落度为30～50mm。

(2)组成材料：可供应P·O42.5水泥，实测28d抗压强度f_{ce}＝48.8MPa，碎石D_{max}＝31.5mm，河砂为中砂。

(3)桥梁所处寒冷地区，$(w/c)_{max}$＝0.55，C_{min}＝375kg/m^3。

[其他参考资料]

(1)经验系数α_a＝0.46，α_b＝0.07。

(2)用水量选用W＝185kg/m^3。

(3)假设混凝土湿表观密度为2420kg/m^3。

(4)砂率 S_p(%)选用参考表4-9。

砂率选用表 表4-9

水灰比(w/c)	0.40	0.50	0.60
砂率 S_p(%)	28~33	31~36	34~39

4.某一沥青混凝土混合料马歇尔稳定度试验结果汇总如表4-10所示,试求该沥青混凝土混合料的最佳沥青用量(沥青用量见图4-4)。

马歇尔稳定度试验结果 表4-10

沥青用量(%)	密度(g/cm^3)	空隙率VV(%)	饱和度VFA(%)	稳定度MS(kN)	流值FL(0.1mm)
5.0	2.325	8.5	65.2	6.9	19
5.5	2.343	6.4	73.3	8.1	22
6.0	2.357	4.3	78.8	9.5	27
6.5	2.353	3.2	83.3	9.9	33
7.0	2.342	2.7	86.7	8.9	43
技术要求	实测	3~6	70~85	>8	20~40

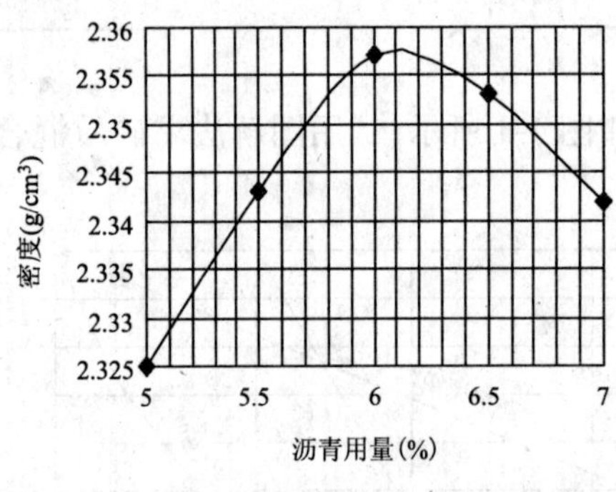

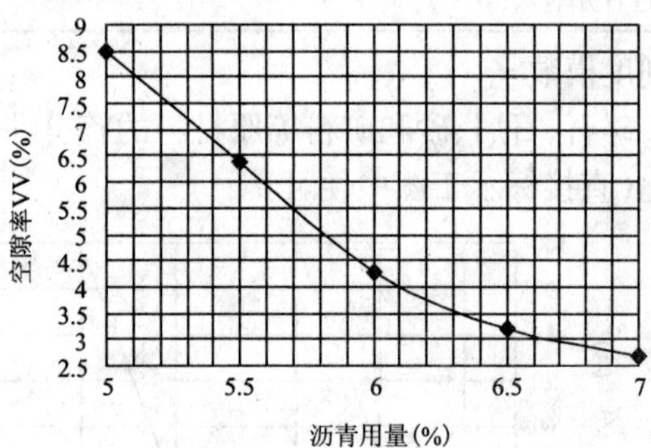

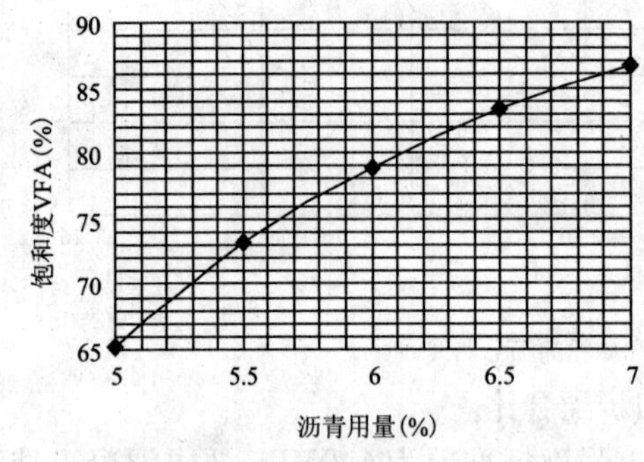

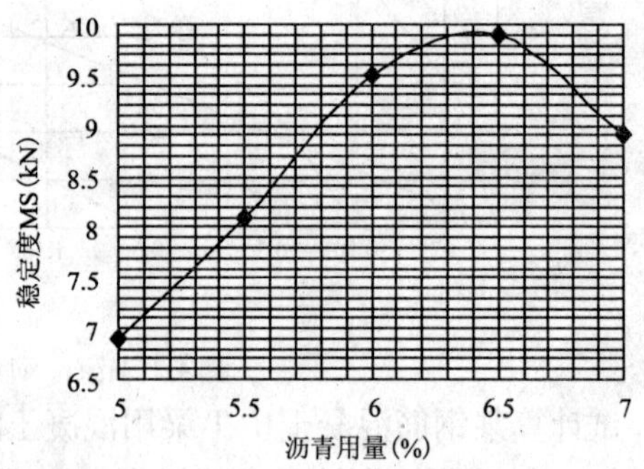

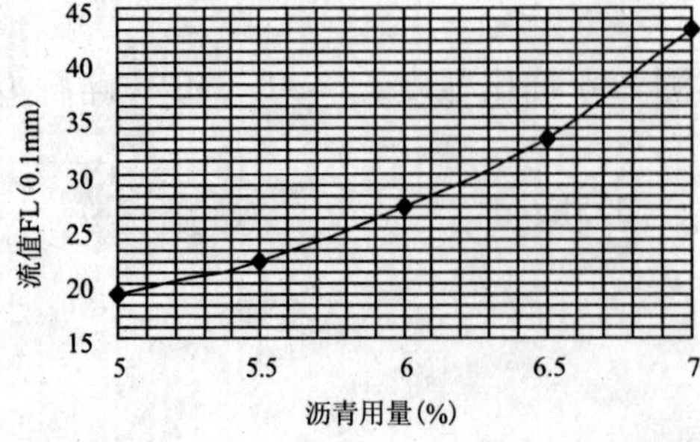

图4-4 沥青用量

5. 一组石灰稳定土试件无侧限抗压强度试验结果如下：0.87、0.92、0.87、0.94、0.73、1.02、0.78、0.82、0.91（MPa），设计强度 $R_d = 0.75$MPa，取保证率系数 $Z_a = 1.645$。试判断该组石灰稳定土的强度是否合格（取小数2位）。

6. 某氧化石油沥青，经检验其针入度为 $P_{(25℃,100g,5s)} = 71$（0.1mm），软化点为46.5℃。试计算其针入度指数PI，并判断其胶体结构类型。

7. 某沥青混合料试件的毛体积相对密度为2.352g/cm^3，沥青混合料的最大相对密度为2.483g/cm^3，矿料混合料的合成毛体积相对密度2.784g/cm^3，油石比为5.0%，沥青的相对密度为1.0。求该试件的空隙率、矿料间隙率及饱和度。

4.3 科目三：公路工程材料与管理考核题库

一、单项选择题

1. 下列哪一种钢不属于按冶炼方法分类的钢（　　）。

A. 转炉钢　　B. 平炉钢　　C. 电炉钢　　D. 沸腾钢

2. 下列哪一种钢不属于按工艺性质分类的钢（　　）。

A. 高碳钢　　B. 铸钢　　C. 压钢　　D. 锻钢

3. 下列哪一种钢属于按化学成分分类的钢（　　）。

A. 碳素钢　　B. 沸腾钢　　C. 镇静钢　　D. 半镇静钢

4. 下列哪一种水泥不适于受流动的淡水和有水压作用的工程（　　）。

A. 硅酸盐水泥　　B. 矿渣硅酸盐水泥

C. 火山灰硅酸盐水泥　　D. 粉煤灰硅酸盐水泥

5. 下列哪一种水泥不宜在有抗渗要求的工程中使用（　　）。

A. 硅酸盐水泥　　B. 矿渣硅酸盐水泥

C. 火山灰硅酸盐水泥　　D. 粉煤灰硅酸盐水泥

6. 下列哪一种水泥不宜用于反复冻融及干湿变化的结构和干燥环境中的工程（　　）。

A. 硅酸盐水泥　　B. 矿渣硅酸盐水泥

C. 火山灰硅酸盐水泥　　D. 粉煤灰硅酸盐水泥

7. 下列哪一种水泥不宜用于干燥环境中的工程和受水流冲刷及严寒地区水位升降范围内的混凝土结构（　　）。

A. 硅酸盐水泥　　B. 矿渣硅酸盐水泥

C. 火山灰硅酸盐水泥　　D. 粉煤灰硅酸盐水泥

8. 碎石和砾石的粒径范围为（　　）mm。

A. 5～100　　B. 4～100　　C. 3～100　　D. 2～100

9. 沥青路面抗滑表层不得使用（　　）。

A. 碎石　　B. 破碎砾石　　C. 筛选砾石

10. （　　）的准确与否，决定了物资供应计划保证供应的程度。

A. 物资需用量计划　B. 物资采购计划　C. 物资用款计划　D. 物资供应计划

11. 对物资计划及时性的要求，主要是指用料部门提报的（　　）。

A. 物资需用量计划　B. 物资采购计划　C. 物资用款计划　D. 物资供应计划

12. 物资供应量 =（　　）。

A. 需要量　　B. 需要量 - 库存量

C. 需要量 - 库存量 + 储备量　　D. 需要量 + 储备量

13. 订货 300t 散装水泥的订货合同，到货检验后发现供货数量少于合同约定的数量，但缺少数额在合同约定的合理磅差内，此时(　　)。

A. 由于数量缺少，按卖方违约对待，要求其支付违约金

B. 按实际到货数量支付价款

C. 按合同约定的 300t 水泥支付价款

D. 由于数量不足，拒绝对付全部价款

14. 某单位受发包人委托与供销商签订钢材供货合同时，事先必须从发包人取得(　　)后，签订的供货合同才对发包人产生法律效力。

A. 钢材需求计划　　B. 履约保证书　　C. 订货单　　D. 委托授权书

15. 引起合同变更的法律事实有多种，如(　　)。

A. 法定代表人变更　　B. 企业法人隶属关系变更

C. 企业法人名称变更　　D. 双方当事人协商一致

16. 合同当事人一方因另一方在合同约定的期限内没有履行合同，致使合同目的不能实现时，有权(　　)。

A. 根据协商一致的原则，与另一方达成解除合同协议

B. 通知另一方解除合同

C. 通过仲裁机构裁决解除合同

D. 通知另一方解除合同，但不得要求对方赔偿损失

17. 合同变更是一项法律行为，因此，当事人双方(　　)方可变更合同。

A. 通知对方　　B. 协商一致　　C. 与第三方一起协商　　D. 不办任何手续

18. 除(　　)以外，合同允许变更或解除。

A. 由于不可抗力致使合同的全部义务不能履行

B. 由于合同主体的一方承办人调离单位

C. 由于另一方在合同约定的期限内没有履行合同，致使不能实现合同目的的

D. 当事人双方经过协商同意，并且不因此损害国家利益和社会公共利益

19. 材料的预算价格等于(　　)。

A. 材料原价 + 运杂费

B. 材料原价

C. 材料原价 ×(1 + 毛重系数)

D.(材料原价 + 运杂费)×(1 + 场外运输损耗率)×(1 + 采购及仓库保管费率) - 包装品回收价值

20. 一种材料如有两个以上的供应点时，应根据不同的运距、运量、运价采用(　　)的方法计算运费。

A. 算术平均值　　B. 取最大值　　C. 取最小值　　D. 加权平均值

21. 下列哪项属于直接工程费中的其他直接费中材料费开支(　　)。

A. 施工用料　　B. 施工机械使用过程中消耗的燃料

C. 雨季施工增加费　　D. 施工队伍调遣用料

22. 下列哪项属于直接工程费中的现场经费中开支(　　)。

A. 施工用料　　　　　　　　　　　　B. 施工机械使用过程中消耗的燃料
C. 雨季施工增加费　　　　　　　　　D. 施工队伍调遣用料

23. 下列哪项属于机械使用费开支(　　)。
A. 施工用料　　　　　　　　　　　　B. 施工机械使用过程中消耗的燃料
C. 雨季施工增加费　　　　　　　　　D. 施工队伍调遣用料

24. 下列哪项属于直接工程费中的直接费中材料费开支(　　)。
A. 施工用料　　　　　　　　　　　　B. 施工机械使用过程中消耗的燃料
C. 雨季施工增加费　　　　　　　　　D. 施工队伍调遣用料

25. (　　)应该是以通过发料计量后的实际耗用物资数量为基数,其物资的实际价格(供料成本)与物资的预算价格(预算成本)之间的差额。
A. 量价差　　B. 量差　　C. 价差　　D. 实差

26. 以物耗定额来确定一个消耗标准,以通过发料计量确认的实际消耗的材料数量与定额材料数量来比较节超,这种节超数量即(　　)。
A. 量价差　　B. 量差　　C. 价差　　D. 实差

二、判断题(判断正误,并将错题改正)

1. 直接费中的材料费是预算口径归口中的材料费,这也是财务成本核算的口径,也是物资管理和物资供应的全部范围。　(　　)

2. 归口于现场经费中的用料包括临时设施费、现场管理费和工地转移费。　(　　)

3. 按预算口径划分的“材料费”与物资部门按供应口径计算的“材料费”一致。　(　　)

4. 采购员应对出入库物资及时登账,记录动态,实行日清月结,永续盘点。　(　　)

5. 物资计划在广义上是指在物资流通过程中所编制的各种宏观和微观计划的总称。　(　　)

6. 因不可抗力致使不能实现合同目的,不能解除合同。　(　　)

7. 以适当成分生料烧至部分熔融,所得以硅酸盐钙为主要成分和较多量的铁铝酸钙的硅酸盐水泥熟料,加0~10%活性混合材料和适量石膏磨细制成的水硬性胶凝材料,称为道路硅酸盐水泥,简称道路水泥。　(　　)

8. 物资合同是供需双方在进行物资供应或协作活动中,通过平等协商明确相互权利与义务而签订的一种具有法律效力的契约。　(　　)

9. 合格的材料是创建优质工程和合格工程的前提。　(　　)

10. 如何保证所进材料质量符合要求,是施工企业物资供应的重要问题。　(　　)

11. 砾石是岩石经自然条件作用而形成的粒径大于5mm的岩石颗粒。砾石缺少棱角,并往往是几类岩石的混合料。　(　　)

12. 工程用块状石料,由天然岩石开采加工而成,或是选用天然卵石。石料应选取石质均匀、不易风化,无裂纹的硬石。　(　　)

13. 物资采购计划的准确与否,决定了物资供应计划保证供应的程度。　(　　)

14. 企业物资计划管理是企业组织施工生产的必要条件,是企业全面计划管理的重要组成部分,也是企业保证供应降低成本,减少浪费加速资金周转的重要因素。　(　　)

15. 碎石是由硬质岩经人为破碎、筛分而成的粒径大于5mm的岩石颗粒。　(　　)

16. 细度模数是指各号筛的累计百分率之和除以100所得的商。　(　　)

17. 量差控制的中心问题,是如何解决物资部门关心的用料成本问题。　(　　)

三、填空题

1. 公路施工企业物资管理的最终目的是提高__________,增强__________。

2. 物资供应就其整个过程来说,包括__________、__________、__________、__________、__________、__________、__________等各个环节,即生产资料从流通领域进入使用领域直到消耗这样一个过程。

3. 对材料费成本,主要通过控制"__________"和"__________"来实现。

4. 材料的预算价格由__________、__________、__________、采购及仓库保管费组成。

5. 桥梁用结构钢主要有__________和__________。钢材以热轧、控轧或正火状态交货,钢材表面不应有裂纹、气泡、结疤、折叠、夹杂和分层现象。

6. 公路工程用沥青主要有__________、__________和__________。

7. 公路施工企业物资管理的主要任务有三项:一是保证物资__________,二是保证__________,三是控制__________。

8. 公路施工企业物资管理的最终目的是提高企业的__________,增强企业的__________。

9. 施工企业的物资管理可以概括为:以__________为框架,以__________为中心,以__________为目的(节约工程材料费),以价差和量差的控制考核为形式的一项专业管理。

10. 公路施工用物资按用途不同可分为__________和__________(包括施工用料,临建用料,辅助生产用料,燃润料,生产用具等)两个方面。

11. 公路工程用钢材可分为三个方面,即__________,__________及__________。

12. 用于公路工程的炸药主要为__________。

13. 路面标线涂料以__________、__________、__________和添加剂制成。

14. 橡胶支座是公路桥梁的专用物资,包括公路桥梁__________和__________。

四、简答题

1. 简述物资库场管理的业务内容。

2. 公路施工企业物资管理的主要任务是什么?

3. 量差考核哪些方面?

4. 材料的预算价格由哪几部分组成?

5. 加强物资合同管理的目的是什么?

6. 实行量差节约的途径有哪两个方面?

7. 加强物资合同管理的目的是什么?

8. 简述公路施工企业物资管理的最终目的。

9. 施工企业物资部门的首要任务是什么?

五、计算(论述)题

1. 叙述限额领料的目的、依据、对象。

2. 叙述影响项目或企业总的物耗量差考核的因素。

3. 根据工程实际消耗需要,应常备水泥280t,需建多大面积的水泥库。计算库场面积的主要物资参数数据如下(每平方米面积大约堆放数量):

钢材3t,铸铁管2.5t,盘条(一层)1t,水泥2t,桶沥青(二层)1.2t,石灰1t,原木1~2m^3,锯材1.5~2m^3,石子、砂3~4t。一般利用系数约为0.6~0.7。

4. 购水泥1000t,购入原价180元/t,运杂费25元/t,实收890t,实发(实耗)880t,实际采购保管费2000元(不含仓储损耗),预算购入原价200元/t,预算运杂费30元/t,场外运输损耗定额1%,求供料成本节(+)超(-)?

4.4 科目四:道路施工技术考核题库

一、单项选择题

1. 具有吸收、降低、汇集、排除地下水功能的称为(　　)。

A. 渗沟　B. 截水沟　C. 渗水井　D. 暗沟

2. 路基下有泉水时,可采用(　　)引导水流到路基外。

A. 渗沟　B. 排水沟　C. 渗水井　D. 暗沟

3. 设用弯沉仪在某测点测得初读数 $d_1=345$,终读数 $d_2=121$,则该测点的实测弯沉值为(　　)。

A. 2.24mm　B. 0.224mm　C. 4.48mm　D. 0.448mm

4. 现拟在干旱高温地区修建高级路面,路面类型应选择(　　)。

A. 沥青混凝土　B. 沥青贯入式　C. 热拌沥青碎石　D. 沥青上拌下贯式

5. 沥青路面的低温裂缝一般是以(　　)形式出现的。

A. 沥青用量不当　B. 温度降低

C. 沥青标号选用不合理　D. 矿料级配不合理

6. 下列试验,哪一个可用于测定土基的回弹模量(　　)。

A. 重型击实试验　B. 三轴压缩试验　C. 压入承载板试验　D. 简支小梁试验

7. 当路基上侧山坡汇水面积较大时,应在挖方坡顶以外或填方路基上侧适当距离设置(　　)。

A. 边沟　B. 截水沟　C. 排水沟　D. 渗水井

8. 水泥混凝土路面板块的传力杆应选用的钢筋是(　　)。

A. 螺纹钢筋　B. 人字钢筋　C. 圆钢筋　D. ABC 中任意一种

9. 沥青路面的抗滑能力的大小主要与(　　)有关。

A. 粗糙程度　B. 平整度　C. 渗透性　D. 横坡大小

10. 在筑路用土中,修建路基的理想材料是(　　)。

A. 砂土　B. 砂性土　C. 黏性土　D. 重性土

11. 水泥混凝土路面横向缩缝构造一般有(　　)。

A. 半缝带拉干杆型　B. 假缝、假缝加传力杆型

C. 企口缝、企口缝加传力杆型　D. 假缝、假缝加拉杆型

12. 为了排除路基范围内及流向路基的少量地表水,可设置(　　)。

A. 排水沟　B. 天沟　C. 边沟　D. 急流槽

13. 炸药的威力是以(　　)来作为衡量标准的。

A. 敏感度　B. 爆力和猛度

C. 爆破震动体积的大小　D. 所需炸药的数量

14. 在石灰土中掺入碎石,其主要作用是(　　)。

A. 防止裂缝　B. 增加强度　C. 提高水稳性　D. 增加整体性

15. 为提高沥青混合料的高温稳定性,可采用增加(　　)用量的措施。

A. 沥青　B. 石粉　C. 粗集料　D. 细集料

16. 路面结构层次的次序是(　　)。

A. 面层、联结层、垫层
B. 面层、基层、整平层
C. 面层、联结层、基层、垫层、土基
D. 面层、联结层、垫层、基层、土基

17. 在路基常见的病害中,由于山坡陡峭,基底的摩擦力不足而引起的病害是(　　)。

A. 路基的沉陷
B. 路堤沿山坡滑动
C. 路堤边坡滑坍
D. 路基边坡剥落

18. 在路基常见的病害中,由于地基压实不足,基底软弱处理不当而引起的病害是(　　)。

A. 路堤的沉陷
B. 路堤沿山坡滑动
C. 路堤边坡滑移
D. 地基沉陷

19. 路基边坡土体,沿着一定的滑动面整体向下滑动,这种现象称为(　　)。

A. 剥落　B. 碎落　C. 滑坍　D. 崩坍

20. 在各种公路用土中,最差的材料是(　　)。

A. 黏性土　B. 重黏土　C. 粉性土　D. 砂土

21. 已知某路段预估路面厚度约 30cm,路面表层距地下水位的高度为 1.65m,查得临界高度 $H_1 = 1.7 \sim 1.9$m,$H_2 = 1.2 \sim 1.3$m,$H_3 = 0.8 \sim 0.9$m,则该路段干湿类型是(　　)。

A. 干燥　B. 中湿　C. 潮湿　D. 过湿

22. 反映路基强度主要指标是(　　)。

A. 回弹模量　B. 内摩擦角　C. 抗压强度　D. 承载力

23. 二级及二级以下新建公路路基设计高程是指(　　)。

A. 设超高加宽前的路基边缘高程
B. 路基边缘高程
C. 路面中心高程
D. 路槽高程

24. 新建公路路基干湿类型判断的依据是(　　)。

A. 填方或挖方高度
B. 地表水及地下水位
C. 临界高度
D. 分界相对含水率

25. 对原有公路路基干湿类型划分的依据指标是(　　)。

A. 含水率　B. 土质　C. 地表及地下水位　D. 平均相对含水率

26. 在路基横断面中,坡脚线与设计线的高程之差应为(　　)。

A. 路基最小填土高度
B. 路基边坡高度
C. 路基临界高度
D. 路基填土高度

27. 在公路土中,巨粒土和粗粒土的分界粒径是(　　)。

A. 200mm　B. 60mm　C. 20mm　D. 5mm

28. 路基的最小填土高度是指(　　)。

A. 地下水或长期地表积水的水位至路槽底的高度
B. 路肩边缘距原地面应满足一定要求的高度
C. 路肩边缘距路槽底的高度
D. 路肩边缘距地下水位的高度

29. 用以下几类土作为填筑路堤材料时,其工程性质由好到差的正确排列是(　　)。

A. 砂性土—粉性土—黏性土
B. 砂性土—黏性土—粉性土
C. 粉性土—黏性土—砂性土
D. 黏性土—砂性土—粉性土

30. 对于黏性土和砂性土相间路堑边坡,当工程地质和水文地质条件较差时,或边坡高度超过 15 ~20m,则宜采用(　　)形边坡。

A. 直线形　B. 折线形,上缓下陡　C. 折线形,上陡下缓　D. 台阶形

31. 路基边沟、截水沟、取土坑或路基附近的积水,主要通过(　　)排除到路基以外的天然河沟。

A. 排水沟　B. 盲沟　C. 跌水　D. 涵洞

32. 截水沟在平面上布置的特点是(　　)。

A. 与水流方向平行　B. 与水流方向相交　C. 与水流方向垂直　D. 因地形而异

33. 排水的目的是为了保证路基的(　　)。

A. 强度　B. 稳定性　C. 强度和稳定性　D. 干燥

34. 排水沟渠加固类型选择与(　　)无关。

A. 土质　B. 水流速度　C. 沟底纵坡　D. 断面形状

35. 某山区路线在路堑与高路堤接头处,路堑的边沟水通过(　　)引到路基以外。

A. 急流槽　B. 截水沟　C. 排水沟　D. 盲沟

36. 路基防护与加固的重点是(　　)。

A. 边沟　B. 路肩　C. 路基边坡　D. 路基本体

37. 某路堑边坡属于风化的岩石,且坡面不平整,应采用的防护措施是(　　)。

A. 喷浆　B. 抹面　C. 植被防护　D. 灌浆

38. 为了防止路基边坡发生滑坍,可采用的防护措施是(　　)。

A. 植物防护　B. 设挡土墙　C. 砌石防护　D. 设护面墙

39. 什么位置的挡土墙需要设护栏?(　　)

A. 路堤墙　B. 路肩墙　C. 路堑墙　D. 山坡墙

40. (　　)是按面层的使用品质、材料组成及结构强度来划分的。

A. 路面等级　B. 路面类型　C. 路面层次　D. 公路等级

41. 路面结构各层次中,主要起调节和改善土基水温状况作用的是(　　)。

A. 面层　B. 基层　C. 垫层　D. 联结层

42. 柔性路面结构中,基层主要起(　　)的作用。

A. 承受水平力　B. 承受竖向力

C. 承受水平力和竖向力　D. 整平

43. 修筑垫层所用材料应是(　　)。

A. 强度不一定高,但水稳性、隔热性和抗冻性一定要好

B. 强度要求高,水稳性好,但隔热性、吸水性可差一些

C. 强度要求高,水稳性可差一些,但隔热性、吸水性要好

D. 强度要求不高,水稳性可差一些,但隔热性和吸水性要好

44. 沥青表面处治的使用年限一般为(　　)。

A. 3 ~5 年　B. 8 ~12 年　C. 8 年左右　D. 12 年

45. 多层路面结构是指(　　)的结构。

A. 两层及两层以上　B. 三层及三层以上　C. 四层及四层以上　D. 四层以上

46. 防止水泥混凝土路面板块出现横向位移的有效措施是(　　)。

A. 设置传力杆　B. 设置拉杆　C. 设置角隅钢筋　D. 增强板下基础强度

47. 石灰土基层的主要缺点是(　　)。

A. 强度低　　B. 水稳性差　　C. 容易开裂　　D. 耐磨性差

48. 沥青混凝土路面应采用(　　)工艺。

A. 层铺法　　B. 拌和法　　C. 上拌下贯　　D. 贯入式

49. 沥青碎石是属于(　　)型结构的。

A. 密实　　B. 稳定　　C. 嵌挤　　D. 半密实半嵌挤

二、判断题(判断正误,并将错题改正)

1.《公路工程质量评定标准》规定:公路工程质量检验评分以分部工程为评定单元,采用100分制评分方法进行评分。(　　)

2. 截水沟主要目的是为了拦截地下水对路基的危害。(　　)

3. 按药包形状不同和集中程度,可分为内部作用药包和外部作用药包;按爆破作用不同,可分为集中药包和延长爆破药包。(　　)

4. 修筑垫层所用的材料不但要求强度高,而且对水稳定性、隔热性和吸水性等要求高。(　　)

5. 对于夏天高温季节施工的路面,其所用沥青应选用稠度大的沥青。(　　)

6. 拉杆通常设在假缝上,有时也设在胀缝上,以增强路面的整体性。(　　)

7. 若刚性路面与建筑物相连时,应设置施工缝。(　　)

8. 路基压实时,应先中后边、先重后轻、先快后慢,以便形成路拱及路基土压力的要求。(　　)

9. 对于高速公路和一级公路,横坡陡峻的半填半挖路基,应在山坡上从填方坡脚向上挖成向内倾斜的台阶,其宽度不应小于1m。(　　)

10. 对于边坡高度超过12m的砂、砾路基,应进行路基稳定性验算。对于渗水性土,可采用圆弧滑动面法进行验算。验算时的稳定系数不得小于1.25。(　　)

11. 对路基压实机具的选择,在正常情况下,为了提高砂性土的压实效果,应尽可能采用碾压式压路基;而对于黏性土,则以采用振动式压路基为好。(　　)

12. 公路绿化中行道树须种植在边坡以外,路肩上不得植树,护坡道上只宜种植灌木。(　　)

13. 路基爆破施工中,炮眼法的炮眼位置应选在临空面多的地方。炮眼的方向不要与岩石的节理和裂缝相垂直,而应与之平行。(　　)

14. 柔性路面是指刚度较小、抗弯拉强度较低,主要依靠抗压、抗剪强度来承受车辆荷载作用的路面。(　　)

15. 填隙碎石适用于各级公路的路面基层或底基层,其一层压实厚度,可取碎石最大粒径的1.5~2.0倍。(　　)

16. 沥青表面处治可以采用路拌法施工。(　　)

17. 沥青碎石的混合料为开级配,而沥青混凝土的混合料则必须为密级配(空隙率在10%以下)。(　　)

18. 在各种公路的用土中,工程性质最差的土是粉性土和重黏土。(　　)

19. 新建公路路基干湿类型判断的依据是地表水及地下水。(　　)

20. 按土的工程性质由好到差可作如下排列:砂性土—黏性土—粉性土。(　　)

21. 路基干湿类型可分为干燥、中湿、潮湿、过湿,而且是用平均含水率来确定。(　　)

22. 路基设计高程是指路基边缘高程;而路基高度是指路中心线处的地面高程与路基设计

高程的差值。 (　　)

23. 新建公路的路基设计高程，在设置超高、加宽路段为设超高、加宽后的路基边缘高程。 (　　)

24. 路基宽度一般是指在横断面上两边路肩外缘之间的宽度。 (　　)

25. 以临界高度判断路基的干湿类型，是指用地下水或地表长期积水的水位至路面的高度与临界高度相比，来判定路基干湿类型。 (　　)

26. 路基边缘设置碎落台和护坡道的作用是相同的。 (　　)

27. 路基边坡的滑塌破坏主要因受压而破坏。 (　　)

28. 截水沟主要目的是为了拦截地下水对路基的危害。 (　　)

29. 暗沟可以拦截、排除地下水。 (　　)

30. 截水沟离开挖方路基坡顶的距离是根据土质和路堑深度而定。 (　　)

31. 截水沟断面一般为梯形，底宽及深度不小于0.4m。 (　　)

32. 对路基进行坡面防护时，路基本身应是稳定的。 (　　)

33. 植物防护可以减缓地面水流速度，根系起固结作用，所以它可用于防护流速大的浸水路堤边坡。 (　　)

34. 路面的路拱横坡度一般应比路肩横坡度小1% ~2%，以利于排水。 (　　)

35. 按路面在行车荷载作用下的力学特性，可将路面分为柔性路面和半刚性路面以及刚性路面。 (　　)

36. 路面类型是按路面面层的使用品质、材料组成等而确定的。 (　　)

37. 等级较高的路面，其平整度和稳定性较好，透水性较小，应采用较大的路拱横坡度；反之，则应采用较小的路拱横坡度。 (　　)

38. 次高级路面可以用于二级公路，也可以用于三级公路。 (　　)

39. 由于行车荷载和自然因素等对路面的作用是随着深度而逐渐减弱的，因此，可以把整个路面结构分为若干不同的层次来铺筑。 (　　)

40. 修筑垫层所用的材料不但要求强度高，而且水稳性、隔热性和吸水性等要求更高。 (　　)

41. 修筑垫层所用的材料不一定要求强度高，但水稳性、隔热性和吸水性要好。 (　　)

42. 用弯沉仪测得的路表弯沉值是由各结构层包括土基变形的总结果。 (　　)

43. 路面出现各种变形破坏，其中啃边破坏是属于翻浆病害。 (　　)

44. 对原有路面强度测定的方法，是用弯沉仪测量路面表面在标准轴载作用下的轮轴中心回弹弯沉值。 (　　)

45. 在水泥混凝土路面中设置钢筋的目的主要是使之克服温度应力，使之不产生裂缝。 (　　)

46. 水泥混凝土路面破坏主要是因受垂直荷载的作用而产生累积竖向变形，并超过规范规定而引起的。 (　　)

47. 混凝土路面设计强度是以混凝土的抗折强度为标准，其龄期一般为28d。 (　　)

48. 拉杆通常设在纵缝上，传力杆通常设在胀缝上。 (　　)

49. 在传力杆一端涂沥青或装小沥青纱套管的主要作用是防止传力杆滑动，以利传递荷载。 (　　)

50. 在石灰土基层中，当其他条件相同时，石灰剂量应控制在一定范围内。 (　　)

51. 石灰质量主要是由石灰中的 CaO、MgO 及 Na_2O 的含量决定的。 (　　)

52. 石灰质量主要是由石灰中的 CaO、MgO 的含量决定的。 (　　)

53. 沥青混凝土路面是采用上拌下贯法工艺。 (　　)

54. 沥青混凝土路面是采用拌和法工艺。 (　　)

55. 沥青路面施工中，无机结构料基层上铺筑沥青层时应铺筑封层。 (　　)

三、填空题

1. 施工放样的基本方法有__________、__________、__________和平面点位放样四种。

2. 路基填筑施工的主要工序有：料场选择、__________、__________和__________。

3. 湿软地基处理的方法有__________、__________、__________和排水固结法四种。

4. 土方路堑开挖的方式有__________、__________和__________三种。

5. 常用的冲刷防护方式有__________、__________和__________三种。

6. 级配碎石适用于各级公路的__________、__________。

7. 符合级配、塑性指数等技术要求的天然砂砾，可用作__________、__________、__________级公路的基层。

8. 常见路基病害有：翻浆、__________、__________、__________和高填路堤下沉。

9. 工程质量控制体系一般由__________、__________、__________和政府部门共同组成。

10. 路面基层类型有__________和__________；泥灰结碎石属于__________类。

11. 常用路基压实度的检测方法有__________、__________和__________。

12. 水泥混凝土摊铺设备按施工方法可分为__________和__________。

13. 围堰的作用主要是__________和__________，有时还起着__________的作用。

14. 护筒的类型有__________、__________和__________。

15. 路基施工的基本方法有__________、__________、__________和机械化施工四种。

16. 工程中，常用挡土墙的形式以__________、__________和__________为主。

17. 为使沥青面层与非沥青材料基层结合良好，要求在基层上浇洒__________、__________、__________，以形成透入基层表面的薄层。

18. 路基工程的地下排水设施主要有__________、__________和__________。

19. 滑坡防治的措施有__________、__________和__________三种。

20. 路面工程施工的前期工作包括__________、__________、__________、__________、__________。

21. 沥青路面的类型，主要有__________、__________、__________和沥青表处等。

22. 测定土的含水率的方法有__________、__________和__________。

23. 目前，用于公路路面施工的机械主要包括__________、__________和__________等机械。

24. 常用弯沉值测试方法有__________、__________和__________三种。

25. 路基加固工程的类型有__________、__________和__________。

四、简答题

1. 公路路基施工前要做哪些准备工作？

2. 常见的路基施工机械有哪些？

3. 压实机具选择的主要依据是什么？

4. 公路路基施工的基本原则是什么？

5. 试举出石方爆破工程中常用的几种爆破方法？

6. 确定工地临时用水需求量时，应考虑哪几方面需求？

7. 试简述振动压路机的主要特点。

8. 什么是压实度？影响压实度的主要因素有哪些？

9. 路基压实工作是路基施工中的关键环节，必须精心组织施工。因此，在路基压实施工时，应注意哪些问题？

10. 路基施工按技术特点分成哪几类？

11. 取土坑设置中易用出现哪些问题？处治这些方法的基本要点是什么？

12. 什么是软土地基？软土地基对道路的路用性能影响极大，在路基施工中应加以处理，常用的处理方法有哪些？

13. 试述浆砌片石沟渠加固的施工中应注意哪些问题。

14. 公路工程中土工合成材料分成哪几类？其对路基的加固与稳定起到哪些作用？

15. 柔性路面应具备哪些具体要求？

16. 试简述三层沥青表面处治的施工程序。

17. 试述三层沥青表面处治的施工要点。

18. 高填方路基施工要注意哪些事项？

19. 按施工规范要求，热拌沥青混合料路面施工准备工作包括哪些？

20. 路基填筑施工方法和填料不当，会给路基质量留下极大的结构隐患。图4-5中哪些是正确方案，哪些是错误方案？

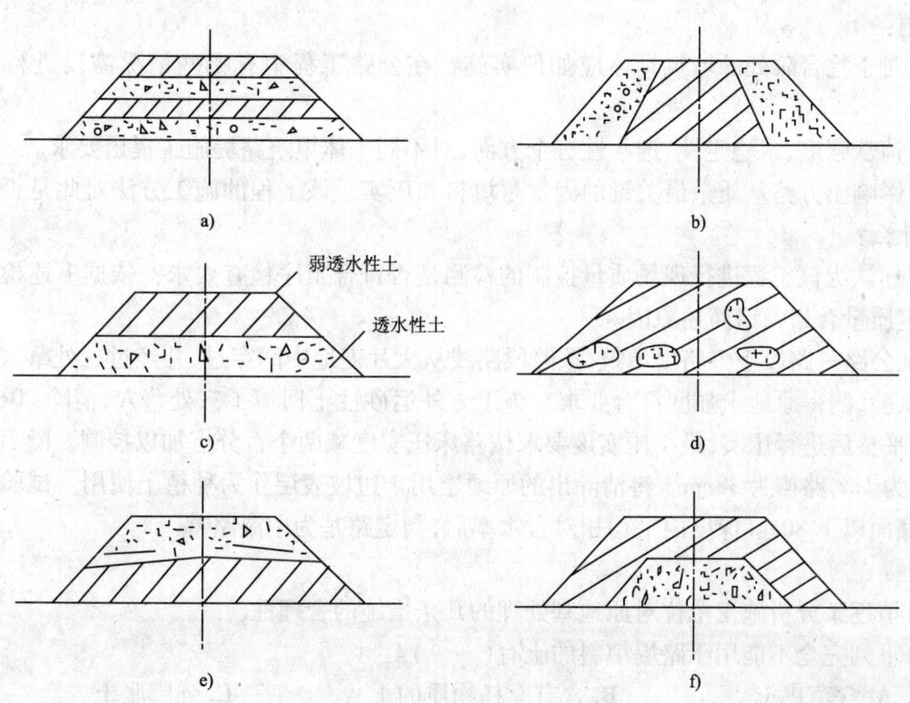

图4-5　路基填筑方案

五、案例题

（注：案例题中要求分析回答的问题仅作参考，可由考核教师结合教学情况提出更多问题进行测试。）

1. 某地区公路路基雨季施工过程中，突遇冷空气气温下降，昼夜平均温度 -3℃以下，持续一个星期，然后气温回暖，未发生冻土现象。该路段有填有挖，且需以挖做填，土质为砂类土。为保证雨季和冬季施工质量，施工方技术员提出应采用以下几条主要措施：

(1) 在填方坡脚外挖好排水沟；

(2) 分层填筑时，每一层表面做成 2% ~4% 的排水横坡；

(3) 按横断面全宽平填，每层松铺厚度按正常施工减少 20% ~30%；

(4) 挖填交界处、填土低于 1m 处停止填筑，待气温回暖后再实施。

问题：

(1) 请问上述 4 条措施哪些是针对雨季施工？哪些是针对冬季施工？

(2) 施工方技术员提出的 4 条措施是否合理？为什么？

(3) 针对雨季路堤填筑除上述措施外，还应采取哪些措施？

2. 某新建一级公路土方路基工程施工，该工程取土困难。K10 +000 ~ K12 +000 段路堤位于横坡陡于 1∶5 的地面，施工方进行了挖台阶等地基处理，然后采用几种不同土体填料分层填筑路基，填筑至 0 ~80cm。施工方选择细粒土，采用 18t 光轮压路机，分两层碾压。两层碾压完成后，检测了中线偏位（合格率为 90%）、纵断高程（合格率为 85%）、平整度（合格率为 85%）、宽度（合格率为 88%），横坡（合格率为 92%）和边坡坡度（合格率为 90%），认定土方路基施工质量合格，提请下一道工序开工。

问题：

(1) 对于挖台阶处的填筑具体应如何实施？在公路工程中有哪些情况需要进行挖台阶处理？

(2) 请从强度、水稳定性、透水性三个方面，对不同土体填筑路堤施工提出要求。

(3) 影响土方路基质量最关键的因素是填料和压实。该工程的施工方法对此是否有效控制？为什么？

(4) 你认为该工程进行现场质量控制的检测是否符合工序检查要求？依据上述检测内容能否认定质量合格？请简述原因。

3. 某公路一路段土方路堤填筑，该路段路线从大片麦地中间穿过，并经过三处墓穴。经野外取土试验，测得原地土强度符合要求。施工方外运砂性土回填了三处墓穴，清除 20cm 厚的原地土，平整后进行压实，最小压实度要求按路床压实度减两个百分点加以控制。随后填筑路基，填高为 1m，路槽为 38cm。将清除出的原地土用于边坡表层作为种植土使用。试验人员测得路槽底面以下 80cm 深度内平均相对含水率后，判定路基为中湿路基。

问题：

(1) 请逐条分析施工单位对原地基处理的几条措施的合理性。

(2) 下列完全不能用于路堤填料的土有（　　）。

A. 含草皮土　　B. 含有腐朽物质的土　　C. 强膨胀土

D. 碳渣　　E. 煤渣

(3) 路基有哪几种干湿类型？根据什么指标进行划分？

4.5 科目五:桥涵施工技术考核题库

一、单项选择题

1. 桥梁总跨径是指多孔桥梁中各孔(　　)的总和。

A. 净跨径　　B. 计算跨径　　C. 标准跨径　　D. 经济跨径

2. 桥跨结构相邻两支座中心之间的距离称为(　　)。

A. 标准跨径　　B. 理论跨径　　C. 计算跨径　　D. 经济跨径

3. 拱桥的拱轴线两端点之间的水平距离称为(　　)。

A. 净跨径　　B. 计算跨径　　C. 标准跨径　　D. 总跨径

4. 桥面与低水位之间的高差称为(　　)。

A. 桥梁建筑高度　　B. 桥梁高度　　C. 桥下净空高度　　D. 桥梁通航高度

5. 矢跨比是拱桥中拱圈的(　　)与计算跨径之比。

A. 净矢高　　B. 计算矢高　　C. 标准矢高　　D. 基准矢高

6. 拱桥的承重结构以(　　)为主。

A. 受拉　　B. 受压　　C. 受弯　　D. 受扭

7. 斜拉桥属于(　　)。

A. 梁式桥　　B. 组合体系桥　　C. 拱式桥　　D. 吊桥

8. 下列桥台中属于梁桥轻型桥台的有(　　)。

A. 埋置式桥台　　B. 靠背式框架桥台　　C. 背撑式桥台　　D. 空腹式桥台

9. 梁桥和拱桥中常采用的重力式桥台是(　　)。

A. 八字形桥台　　B. U 形桥台　　C. 组合式桥台　　D. 空腹式桥台

10. 计算重力式桥台所考虑的荷载与重力式桥墩计算基本一样,不同的是,对于桥台尚要考虑(　　)。

A. 车辆荷载引起的土侧压力　　B. 纵横向风力

C. 流水压力　　D. 冰压力

11. 公路桥梁中的基本可变荷载包括(　　)和人群荷载。

A. 车辆荷载　　B. 支座摩阻力　　C. 风力　　D. 温度影响力

12. 由车辆荷载引起的土侧压力属于(　　)。

A. 永久荷载　　B. 基本可变荷载　　C. 其他可变荷载　　D. 偶然荷载

13. 在选用模板时,宜优先选用(　　)。

A. 组合模板　　B. 钢模板　　C. 木模板　　D. 自制模板

14. 为防止焊接钢筋时产生的翘曲变形,一般采用(　　)。

A. 双面焊缝　　B. 单面焊缝　　C. 跳焊　　D. 点焊

15. 水泥如受潮或存放时间超过(　　)个月,应该重新取样试验。

A. 2　　B. 3　　C. 4　　D. 6

16. 混凝土浇筑过程中,如混凝土表面泌水较多,应(　　)。

A. 不必理会

B. 边浇边查原因

C. 扰动已浇混凝土的条件下采取措施排水

D. 须在不扰动已浇混凝土的条件下采取措施排水

17. 海水环境下钢筋混凝土结构的施工缝不宜设在(　　)。

A. 浪溅区或拉应力较大区域　　B. 水下区或拉应力较大区域

C. 浪溅区或拉应力较小区域　　D. 水位变动区或拉应力较大区域

18. 混凝土冬季施工的温度条件是(　　)。

A. 当昼夜平均气温低于3℃,或最低气温低于零下3℃时

B. 当昼夜平均气温低于5℃,或最低气温低于零下3℃时

C. 当昼夜平均气温低于5℃和最低气温低于零下3℃时

D. 当昼夜平均气温低于零下5℃和最低气温低于3℃时

19. 混凝土养护时,下列说法不正确的是(　　)。

A. 浇筑完成后,应在收浆后尽快予以覆盖和洒水养护

B. 气温低于5℃时应覆盖保温,不得向混凝土面上洒水

C. 保证在浇筑后7d内不受水的冲刷侵袭

D. 采用塑料薄膜覆盖的,仍然洒水养护

20. 先张法施工中,说法不正确的是(　　)。

A. 用于先张法的连接器,必须符合夹具性能的要求

B. 预应力筋的切断宜采用电弧切割,不宜采用切断机或砂轮锯

C. 放张时的混凝土强度需符合设计规定,未规定时不得低于设计强度等级值的75%

D. 放张方法有千斤顶法、砂筒法、滑楔法、张拉架法等

21. 后张法施工中,说法正确的是(　　)。

A. 抽拔制孔器时,抽拔早混凝土踏孔,所以应该迟些抽拔

B. 张拉钢筋时千斤顶的形式应该与所张拉的预应力筋的类型相一致

C. 预应力筋的超张拉顺序都是一样的,都是张拉到张拉控制应力的105%

D. 管道压浆前可不必进行清洁,直接进行即可

22. 当桥高水深多孔的中小跨径装配式梁桥应该采用(　　)方法。

A. 闸门式架桥机　　B. 自行式吊车　　C. 移动支架　　D. 浮吊船架梁

23. 关于支座的说法,正确的是(　　)。

A. 板式橡胶支座是利用不均匀弹性压缩实现水平位移,靠剪切变形完成转角

B. 盆式橡胶支座比板式橡胶支座的承载力低

C. 球形支座适用于弯桥、坡桥、斜桥及大跨径桥

D. 圆形橡胶支座正确就位后,临时固定装置再度加固,并进行防尘围裙安装

24. 桥梁浅基础明挖法的施工工序为(　　)。

A. 基坑定位放样—基坑围堰—排水—开挖—质量检查—支撑

B. 基坑定位放样—排水—基坑围堰—开挖—支撑—质量检查

C. 基坑定位放样—基坑围堰—支撑—开挖—排水—质量检查

D. 基坑定位放样—基坑围堰—排水—开挖—支撑—质量检查

25. 关于钻孔灌注桩说法正确的是(　　)。

A. 施工平台应该高于施工水位1.0~1.5m　B. 护筒的内径应该比桩径大0.4~0.6m

C. 孔内水位突然下降是塌孔表征之一　　D. 导管下口埋入孔内混凝土1.5~2m

26. 关于涵洞说法正确的是(　　)。

A. 涵洞的沉降缝作用是为了施工方便

B. 安装管节时，各管节应顺流水坡安装平顺，当管壁厚度不一致时应调整管外的高度使外壁齐平

C. 当采用机械填土时，洞顶填土厚度必须大于 0.5 ~ 1.0m 时才允许机械通过

D. 涵洞的结构形式分成圆管、盖板、拱、倒虹吸

27. 桥梁设置预拱度后，有车辆行驶时，桥梁的最大挠度也只为可变荷载产生挠度的(　　)。

A. 1/4　　B. 1/3　　C. 1/2　　D. 2/3

28. 主要承重结构以受压为主的桥梁是(　　)。

A. 梁式桥　　B. 拱式桥　　C. 悬索桥　　D. 斜拉桥

29. 顶推法施工适用于(　　)。

A. 等截面预应力混凝土连续梁桥　　B. 等截面钢筋混凝土连续梁桥

C. 变截面预应力混凝土连续刚构桥　　D. 变截面预应力混凝土连续梁桥

30. 对于用企口缝连接的简支空心板梁桥，跨中部分一般采用(　　)计算荷载横向分布系数。

A. 杠杆法　　B. 偏心压力法　　C. 铰接板梁法　　D. 刚接梁法

31. 生产性临时设施包括构件预制场、(　　)、便道、运输线、临时墩等。非生产性临时设施包括办公室、仓库等。

A. 栈桥　　B. 宿舍　　C. 仓库　　D. 办公室

32. 为了使墩台位置、尺寸符合设计要求，桥梁施工前，首先应对桥梁所在位置的路线(　　)进行复测，并在复测无误后，在现场定出控制桩。

A. 中线　　B. 边线　　C. 基线　　D. 高程

33. 高强度钢丝的张拉应力控制顺序是从 0 到 σ_k 的(　　)%，并持续 2min，再到锚固应力 σ_k。

A. 85　　B. 95　　C. 100　　D. 105

34. 混凝土搅拌机按照搅拌原理可分为(　　)式和强制式两类。

A. 自由　　B. 自动　　C. 自落　　D. 被动

35. 桥面位置在桥跨结构顶部的桥称为(　　)桥梁。

A. 上承式　　B. 中承式　　C. 下承式

36. 拱桥的三铰拱是(　　)。

A. 三次超静定结构　　B. 二次超静定结构　　C. 静定结构

37. 轻型桥台上端与上部构造用栓钉连接，下端相邻墩(台)之间要设置(　　)。

A. 块石河底铺砌　　B. 支撑梁　　C. 草皮河底铺砌

38. 无压力式涵洞是指洞内水流(　　)。

A. 全部具有自由水面　　B. 有部分自由水面　　C. 无自由水面

39. 水中桥墩的定位方法一般采用(　　)。

A. 直接丈量法　　B. 三角测量法　　C. 方向交会法

40. 某基坑测得施工水位深为 1.4m，流速为 1.4m/s，宜用(　　)。

A. 土堰　　B. 草袋　　C. 竹笼

41. 桩的起吊和堆放，其支点应是(　　)。

A. 吊点和支点位置绝对相同

B. 吊点和支点允许偏差 +20cm

C. 吊点和支点允许偏差 +30cm

42. 打入桩开始沉桩时，应(　　)。

A. 重锤高击　　B. 重锤低击　　C. 轻锤高击

43. 桩基打入桩的打桩顺序，应从(　　)。

A. 一边向另一边　　B. 中间向两边　　C. 两边向中间

44. 挖孔桩的最小孔径不少于(　　)。

A. 1.0m　　B. 1.2m　　C. 1.5m

45. 在砂卵石层的沙滩上钻孔，钻机应用(　　)。

A. 回转钻　　B. 冲抓钻　　C. 牙轮钻

46. 反循环回转法成孔，泥浆从钻杆外流入井内，钻渣利用真空泵(　　)。

A. 从井孔中吸出　　B. 从钻杆中吸出　　C. 直接吸出

47. 钻孔桩施工时，要始终保持护筒内水位(　　)筒外施工水位。

A. 相同于　　B. 高于　　C. 低于

48. 钻孔开始钻进时，应(　　)。

A. 自由进尺

B. 进尺要控制，在护筒刃脚处应低速钻进

C. 在护筒刃脚处应高速钻进

49. 导管进水主要原因是(　　)。

A. 在导管内夹有大卵石

B. 导管埋入混凝土过深，导管拉断

C. 首批混凝土储量不足，导管接头不严，导管提升过猛

50. 混凝土机械拌和下料顺序是(　　)。

A. 先向拌筒注 2/3 水，然后按石、水泥、砂子次序倒入筒内，最后再注入 1/3 水

B. 先向拌筒放石子，然后按水泥、砂子、水倒入

C. 先向拌筒放石子，然后按水、水泥、石子

51. 一个桥梁工地，要预制一批薄膜 T 形梁，除用人工捣实外，一般应选用(　　)。

A. 插入式　　B. 附着式振捣器　　C. 平板式

52. 混凝土的自由倾落高度不应超过(　　)。

A. 1.0m　　B. 1.5m　　C. 2.0m

53. 平板振捣器在混凝土上振捣时间不宜超过(　　)。

A. 30s　　B. 40s　　C. 60s

54. 插入式振动棒振捣混凝土时，应(　　)。

A. 慢插快拔　　B. 慢插慢拔　　C. 快插慢拔

55. 整体式简支板梁混凝土的浇筑顺序是(　　)。

A. 中间向两端　　B. 一端向另一端　　C. 两端向中间

56. 钢筋调直时，其拉力应控制在钢筋的伸长率不超过(　　)。

A. 1%　　B. 2%　　C. 3%

57. 钢筋接长中，能保证良好的传力性，便于混凝土浇作，又能省料，宜用(　　)。

A. 闪光焊　　B. 电弧焊　　C. 绑扎

58. 受拉钢筋的绑扎搭接接头，其截面积在同一截面内不得超过钢筋总截面积的(　　)。

A. 25%　　B. 50%　　C. 35%

59. 在基坑开挖施工中，配备的抽水设备能力应为总渗水量的(　　)。

A. 1.2 倍　　B. 1.5 ~2 倍　　C. 3 倍　　D. 3.5 倍

60. 混凝土浇筑施工中，当采用插入式振捣器时，分层浇筑混凝土的浇筑层厚不宜超过(　　)。

A. 150mm　　B. 200mm　　C. 250mm　　D. 300mm

二、判断题(判断正误，并将错题改正)

1. 满布式支架的卸落设备可采用排架式、人字式等形式。(　　)
2. 现浇梁式上部构造预拱度的设置可采用二次抛物线法和直线法分配。(　　)
3. 满布式木拱架包括拱架、支架、卸架设备三部分。(　　)
4. 钢筋的加工工作只包括除锈、弯制、焊接等工序。(　　)
5. 直径大于 25mm 的受力钢筋不得采用绑扎搭接。(　　)
6. 钢筋骨架拼装时，要注意拼成一定的预拱度，再行施焊。(　　)
7. 混凝土机械搅拌时，上料顺序是先砂子次水泥后石子。(　　)
8. 对集料的含水率应经常进行检测，雨天应增加检测次数，据以调整水泥与水的用量。(　　)
9. 钢绞线使用时允许表面有轻微的麻坑，但是不得有锈成肉眼可见的浮锈。(　　)
10. 简支梁、板的构件的架设工序是:起吊、落梁。(　　)
11. 在浇筑悬臂梁连续梁时，一般不能在墩台处留有工作缝。(　　)
12. 拱架的作用在于支撑部分拱圈和拱上建筑的重量和保证拱圈的形状符合设计要求。(　　)
13. 在峡谷或水深流急的河段上或通航河流或洪水季节等条件下建桥时，宜考虑缆索吊装施工法。(　　)
14. 单向推力墩又称制动墩，它能承受恒载水平推力，以保证拱桥不倾倒。(　　)
15. 沉井是修筑地下工程和深基础时采用的一种基础施工方法。(　　)
16. 无腹筋梁的斜截面破坏形态是脆性破坏。(　　)
17. 普通钢筋混凝土结构中采用高强钢筋，不仅可以减少钢筋用量，而且还能充分发挥钢筋的强度。(　　)
18. 对于预应力混凝土构件，张拉控制应力越高越好。(　　)
19. 在设置伸缩缝处，栏杆也要断开。(　　)
20. 板式橡胶支座的水平位移是通过支座与梁底或墩台面间的相对滑动实现的。(　　)
21. 拱桥矢跨比减小时，拱圈内的轴向力增大，对拱圈的受力是有利的。(　　)
22. 连续板桥在支点处产生负弯矩，对跨中弯矩起到卸载作用。(　　)
23. 增大截面有效高度是减小受弯构件挠度的有效措施。(　　)
24. 简支梁(板)和三铰拱桥均属于静定结构，所以在温度变化、混凝土收缩、墩台位移、墩台沉陷等因素影响，都不产生附加应力。(　　)
25. 无铰拱是静定结构，三铰拱是三次超静结构。(　　)
26. 简支梁为静定结构，悬臂梁和连续梁为超静定结构。(　　)

27. 桥面铺装层的作用主要是使桥面平整连成整体，行车无颠簸。 (　　)

28. 墩台下部与地层接触部分称为地基，上下部结构所有重量均由地基传给基础。

(　　)

29. 刚性基础悬出长度受压力分布角 α 的控制，柔性基础不受此限。 (　　)

30. 在预应力混凝土桩的制作质量要求中，桩的收缩裂缝不得超过 0.2mm，深度不得超过 20mm；裂缝长度不得超过 1/2 桩宽。 (　　)

31. 桥台台背回填土选用透水性较好的砂性土壤。 (　　)

32. 轻型桥台基础之间的地撑梁可用块石干砌。 (　　)

33. 桥墩的墩身一般是在迎水面施工成圆端形或尖端形。 (　　)

34. 水中桥墩定位方法采用小三角网测量法。 (　　)

35. 土围堰适用于水深小于 1.5m，流速小于 0.3m/s 的河段，草包围堰适用于水深 3.5m 以下，流速 2m/s 以下透水性较小河床。 (　　)

36. 井点法是主要抽基坑内的地面水，使基坑处于无水状态后施工。 (　　)

37. 人工降水法（即井点抽水）目的是将地面上的水加速下降，使基坑处于干燥无水状态，便于施工。 (　　)

38. 单排井点，一般应布置在坑槽地下水流向的下游侧。 (　　)

39. 基坑排水采用井点降水，要求降水深度大于 6m 时，采用两级轻型井点系统。 (　　)

40. 混凝土预制桩应达到设计强度的 70% 方可起吊、运输和打桩。 (　　)

三、简答题

1. 桥梁的组成部分主要包括哪些？
2. 桥梁按其主要承重结构所用的材料，可划分为哪些类型？
3. 通常将作用在公路桥梁的各种荷载和外力归纳为哪几类？
4. 简述先张法的施工工序。
5. 预应力混凝土连续梁的施工方法有哪些？
6. 简述拱架的卸落程序。
7. 当用直接丈量法进行墩台施工定位时，应对哪些测量要素进行改正计算？
8. 拱架预拱度设置方法有哪几种？
9. 混凝土的施工缝如何处理？
10. 实施混凝土质量控制应该符合哪些规定？
11. 简述后张法的施工工序。
12. 简述悬臂施工的临时固结措施。
13. 常用的基坑围堰形式有哪几种？
14. 计算施工预拱度时，应考虑的因素有哪些？
15. 简述石砌墩台的放样和石料定位方法。
16. 预应力简支梁有哪些钢筋？各起什么作用？
17. 桥梁施工组织设计有哪些内容？
18. 桥位施工放样时应注意哪些事项？
19. 基坑开挖时应注意事项有哪些？
20. 简述浅基础的施工工序。
21. 常用的墩台施工模板有哪些类型？

22. 支架施工预留沉落值包括哪些变形因素?

23. 桥梁竣工测量的项目有哪些?

24. 钢筋骨架的焊接为什么要先点焊后跳焊?

25. 简述桥涵施工中对模板的基本要求。

四、计算(论述)题

1. 已知混凝土对模板的侧压力为26kPa,拉杆横向间距为0.75m,纵向间距为0.85m。试选用对拉杆螺栓直径。[已知螺栓直径为12、14、16、18(mm)时的容许拉应力分别为12.9、17.8、24.5、29.6(kN)]

2. 已知拱桥 $L=90m$, $f=15m$, $f/l=1/6$, $m=1.756$,经过计算拱顶的预拱度值为12cm。试用二次抛物线法分配预拱度值,并计算出 $\xi=0.3$、0.7 处的预拱度值。

3. 某明挖法的基坑定位放样,基础尺寸为横桥向为8.64m,顺桥向为2.24m,基底高程为95.64m,地面高程为93.55m,开挖的边坡为1:1.5。试求地面画线矩形的尺寸。

4. 试述钻孔灌注桩施工工艺流程。

5. 试述在预应力简支梁预制过程中经常会出现怎样的质量问题。

6. 桥梁施工组织设计中应包括哪些主要内容?

7. 对桥梁大体积混凝土工程施工应注意哪些问题? 如何控制混凝土的水化热?

五、案例题

(注:案例题中要求分析回答的问题仅作参考,可由考核教师结合教学情况提出更多问题进行测试。)

1. 某10×25m的预应力混凝土简支空心板梁桥,采用预制吊装,后张法施工。桥位处有一大块空地可作为预制场,地质情况为0.5m的强风化层,下为中风化砂岩。施工单位采用定型钢模板预制板梁。

问题:

(1)如何制作板梁预制台座?

(2)施工单位采用的模板是否合理? 对模板有何要求或规定?

(3)张拉板梁预应力筋时,有何技术要求?

2. 某桥基础为6根 ϕ2.0m 的钻孔灌注桩,上置8×12×3.5(m)钢筋混凝土承台,承台顶面比原始地面线低0.5m。地质与水文条件如下:0~0.60m 砂砾石,以下为黏性土,施工期间的水位刚好淹没原地面线。

问题:

(1)施工单位拟采用围堰法施工,适用于该桥的围堰有哪些?

(2)适用于该桥承台施工的支护形式有哪些?

(3)浇筑承台(大体积)混凝土前,对桩基应做哪些处理?

(4)浇筑承台混凝土前,对钻孔灌注桩应做哪些主要内容的检验?

3. 某25m长的预应力混凝土空心板梁桥,采用预制安装,后张法施工。施工单位设置的常见质量控制点有:支座预埋件的位置控制、板梁之间的高差控制、梁体之间现浇带混凝土质量控制以及伸缩缝安装质量控制。

问题:

(1)施工单位在预制板梁过程中,对预应力筋和梁预制应开展哪些主要内容的检验?

(2)请指出施工单位设置该预制板梁的常见质量控制点缺项部分。

4.6 科目六:公路工程定额与统计考核题库

一、单项选择题

1. 在我国,经过国家或其授权机关颁发的定额是具有(　　)的一种指标,不得擅自修改。
A. 法令性　B. 科学性　C. 系统性　D. 统一性

2. (　　)是一定时期社会生产力水平的反映,并随着生产力水平的变化而变化的。
A. 定额　B. 定额水平　C. 平均先进　D. 先进合理

3. 定额的(　　)是由现代社会化大生产的客观要求决定的。
A. 权威性　B. 科学性　C. 系统性　D. 统一性

4. 定额的(　　)主要是由国家对经济发展有计划的宏观调控职能决定的。
A. 权威性　B. 科学性　C. 系统性　D. 统一性

5. (　　)是指生产单位数量合格产品所消耗的劳动量标准。
A. 材料消耗定额　B. 时间定额　C. 机械设备定额　D. 产量定额

6. (　　)是指劳动者在单位劳动量内完成合格产品的数量大小。
A. 材料消耗定额　B. 时间定额　C. 机械设备定额　D. 产量定额

7. (　　)是为各类工程规定施工期限的定额天数,包括建设工期定额和施工工期定额两个层次。
A. 工序定额　B. 施工定额　C. 预算定额　D. 工期定额

8. 施工企业的定额管理按照(　　)管理机构进行管理。
A. 一级　B. 两级　C. 三级　D. 都可以

9. 时间定额以工日为单位,每个工日的工作时间按照现行劳动规定为(　　)。
A. 4h　B. 8h　C. 10h　D. 12h

10. (　　)是签发施工任务书和限额领料单的依据。
A. 概算定额　B. 预算定额　C. 施工定额　D. 估算指标

11. (　　)是编制施工组织设计和施工作业计划的依据。
A. 概算定额　B. 预算定额　C. 施工定额　D. 估算指标

12. (　　)是考核施工班组、贯彻经济责任制和搞好企业内部分析的依据。
A. 概算定额　B. 预算定额　C. 施工定额　D. 估算指标

13. (　　)是工程定额体系中的基础性定额。
A. 概算定额　B. 预算定额　C. 施工定额　D. 估算指标

14. 施工定额的水平是(　　)。
A. 水平高　B. 先进合理　C. 水平低　D. 平均先进

15. (　　)是计算其他直接费、现场经费和间接费的基数。
A. 定额基价　B. 直接费　C. 人工费　D. 材料费

16. 概算定额与预算定额的定额表中的劳动定额数值是以(　　)的形式表示的。
A. 定额基价　B. 时间定额　C. 产量定额　D. 工程内容

17. 《公路工程机械台班费用定额》的内容包括(　　)类(　　)个子目。
A. 9450　B. 10468　C. 11468　D. 12468

18. 《公路工程机械台班费用定额》中的折旧费、大修理费和经常修理费是属于(　　)。

A. 人工费　　B. 修理费　　C. 不变费用　　D. 可变费用

19.《公路工程机械台班费用定额》中的人工费、动力燃料费和养路费是属于(　　)。

A. 材料费　　B. 修理费　　C. 不变费用　　D. 可变费用

20. 以下(　　)是属于《公路工程机械台班费用定额》中的可变费用。

A. 动力燃料费　　B. 大修理费　　C. 折旧费　　D. 安装拆卸费

21. (　　)是编制施工预算的基础。

A. 概算定额　　B. 预算定额

C. 施工定额　　D. 公路工程机械台班费用定额

22. 采用(　　)进行"两算"对比分析,是将施工图预算的人工和材料消耗量与施工预算的人工和材料消耗量加以对比,分析其节约和超出的原因。

A. 施工图预算　　B. 施工预算　　C. 实物对比法　　D. 金额对比法

23. 工程实物量、质量和施工进度的统计是属于(　　)。

A. 工程统计　　B. 设备统计　　C. 材料统计　　D. 财务成本统计

24. 机械设备拥有数量与能力、完好状况及利用情况的统计是属于(　　)。

A. 工程统计　　B. 设备统计　　C. 材料统计　　D 财务成本统计

25. 固定资产、流动资产、工程成本与财务成果的统计是属于(　　)。

A. 工程统计　　B. 设备统计　　C. 材料统计　　D. 财务成本统计

26. 把收集到的有关质量问题的数据,按照一定的目的和要求进行分类整理,分析产生质量问题的原因及其分布规律的方法是(　　)。

A. 排列图法　　B 因果分析法　　C. 分层分析法　　D. 相关分析图法

27. (　　)上画出了各影响质量因素的矩形图,并由大到小依次排列。

A. 排列图法　　B. 因果分析法　　C. 分层分析法　　D. 相关分析图法

28. 通过对其中一个变量的观察控制,去估计控制另一个变量的数值,以达到保证产品质量的目的,这种统计分析方法为(　　)。

A. 排列图法　　B. 因果分析法　　C. 分层分析法　　D. 相关分析图法

29. 通过工程成本指标的对比,从成本指标数量差异上,检查和评价成本管理的工作质量,研究相应的处理措施,这种方法为(　　)。

A. 比较分析法　　B. 因素分析法　　C. 综合分析法　　D. 分层分析法

30. 把影响成本计划完成的诸多因素的某一个因素作为可变量,而其他因素均暂时周围常量,这种方法为(　　)。

A. 比较分析法　　B. 因素分析法　　C. 综合分析法　　D. 分层分析法

31. 工程数量与总产值是属于(　　)。

A. 生产指标　　B. 劳动指标　　C. 物质指标　　D. 财务成本指标

32. 产品总成本和利润总额是属于(　　)。

A. 生产指标　　B. 劳动指标　　C. 物质指标　　D. 财务成本指标

二、概念解释题

1. 定额　　2. 人工定额　　3. 材料周转定额　　4. 施工定额

5. 定额抽换　　6. 基本定额　　7. 施工预算　　8. 统计分析

9. 流水作业法　　10. 流水节拍　　11. 流水步距　　12. 工程成本

13. 工程成本管理　　14. 关键线路　　15. 工程量清单　　16. 清单工程量

17. 计量形象图　　　18. 分项计量法

三、判断题(判断正误,并将错题改正)

1. 时间定额与产量定额具有互为倒数的关系。 ( )

2. 劳动定额的两种表现形式是时间定额与产量定额。 ( )

3. 施工定额、预算定额与概算定额是按照定额的用途进行分类的。 ( )

4. 劳动定额、材料消耗定额与机械设备定额是按照定额所消耗的生产因素进行分类的。 ( )

5. 材料消耗定额的两种表现形式是材料产品定额与材料周转定额。 ( )

6. 施工定额、预算定额与概算定额是按照定额所消耗的生产因素进行分类的。 ( )

7. 定额的编制要贯彻专业人员与群众相结合,以专业人员为主的原则。 ( )

8. 定额的编制要贯彻专业人员与群众相结合,以群众为主的原则。 ( )

9. 施工定额各章的内容包括工作内容、质量安全要求、施工方法说明和工程量计算规则。 ( )

10. 材料消耗量 =(1 + 材料损耗率)× 材料净用量。 ( )

11. 定额表规定了单位合格产品的用工标准。 ( )

12. 定额项目中,凡注明“以内”、“以下”者均不包括本身在内。 ( )

13. 施工预算是施工企业开展经济活动分析,进行“两算”对比的依据。 ( )

14. 施工图预算是施工企业开展经济活动分析,进行“两算”对比的依据。 ( )

15. 施工定额是工区或施工队向班组下达施工任务书和限额领料的依据。 ( )

16. 预算定额是工区或施工队向班组下达施工任务书和限额领料的依据。 ( )

17. 人工费对比法是将施工图预算的人工费与施工预算的人工费加以对比,分析其节约和超出的原因,计算出人工费的节约和超出额及其降低率。 ( )

18. 材料费对比法是将施工图预算的材料费与施工预算的材料费加以对比,分析其节约和超出的原因,计算出材料费的节约和超出额及其降低率。 ( )

19. 编制预算时,可增加材料及半成品等的场内运输损耗及操作损耗。 ( )

20. 编制预算时,不得另行增加材料及半成品等的场内运输损耗及操作损耗,其场外运输损耗在材料预算单价中考虑,与定额无关。 ( )

21. 挖方的定额单位为天然密实方,填方的定额单位为压实方。 ( )

22. 施工统计工作的主要作用是统计服务和统计监督。 ( )

23. 平行作业法的施工工期长,所需的作业班组多,材料供应特别集中,各作业单位是间歇作业。 ( )

24. 劳动力消耗的均衡性用劳动力不均衡系数 K 表示,K 值一般小于或等于1。 ( )

25. 施工统计工作的根本原则是如实反映情况。 ( )

26. 顺序作业法的施工工期长,所需的作业班组少,材料供应集中,各作业班组是间歇作业。 ( )

27. 劳动力消耗的均衡性用劳动力不均衡系数 K 表示,K 值一般大于于或等于1,一般不超过1.5。 ( )

28. 对定期统计报表的统计资料的分析,是指研究计划的执行情况,从而发现施工平衡现象。 ( )

29. 流水作业法的施工工期比较适中,所需的作业班组少,资源需要量比较均衡,材料供应

集中,各作业单位能连续作业。 (　　)

30. 劳动力需要量图(劳动力安排直方图)表示劳动力需要量与施工期限之间的关系。 (　　)

31. 一个企业的生产发展规模与经营方针等是该企业的长远计划。 (　　)

32. 累计曲线图能真实反映工地储备量的大小,同时也指出由于供应量和消耗量每日不同,工地上的材料储备量不稳定。 (　　)

33. 班组核算的依据是施工定额和施工原始记录。 (　　)

34. 施工项目开竣工日期、工程形象进度、主要实物工程量和建筑安装工程量是年度施工计划的内容。 (　　)

35. 差额曲线图能真实反映工地储备量的大小,同时也指出由于供应量和消耗量每日不同,工地上的材料储备量不稳定。 (　　)

36. 班组核算是通过对生产班组的收入和支出的比较,计算出盈亏结果。 (　　)

37. 生产作业计划是年度和季度计划的具体化,能把施工任务落实到基层班组。 (　　)

38. 材料供应图能够明显地反映材料数量与供应日期的关系,也能表示出材料数量与运输量的变化。 (　　)

39. 班组核算的依据是预算定额和施工原始记录。 (　　)

40. 工程量清单必须按照一定的分项规则和工程量计算方法编制,其中分项规则一般在技术规范中有明确规定,工程量计算方法一般参照国内的有关规定及国际惯例。 (　　)

41. 计量时,必须按照采用合同的计量细则的规定进行。 (　　)

42. 计量时,可以按照工地上习惯采用的规定进行。 (　　)

43. 工程量清单必须按照一定的分项规则和工程量计算方法编制,其中分项规则一般可由业主规定,工程量计算方法一般参照国内的有关规定及国际惯例。 (　　)

44. 工程量清单必须按照一定的分项规则和工程量计算方法编制,其中分项规则一般在技术规范中有明确规定,工程量计算方法一般可由业主规定。 (　　)

45. 计量时必须填写中间计量表,中间计量表只有监理工程师签字认可,不需要承包人和业主签字。 (　　)

四、简答题

1. 定额员的职业道德规范主要有哪几个方面?

2. 写出材料预算价格的计算公式。

3. 编制预算时,在什么情况下要进行定额抽换?

4. 基本定额的主要用途是什么?

5. 材料周转与摊销定额的主要用途是什么?

6. 施工预算编制的依据是什么?

7. 简述流水作业作图的要点。

8. 简述网络计划图的绘制规则。

9. 简述编制施工进度计划的依据。

10. 简述工程任务单的作用和内容。

11. 简述工程任务单的签发程序。

12. 简述单位工程成本分析的内容。

五、计算题

1. 已知:某桥梁工地需要到水泥厂购买32.5级水泥453t,出厂价为260元/t,水泥厂到工地采用社会企业汽车运输,运距60km,运价率0.25元/(t·km),囤存费3.0元/t,装卸费1.1元/t。试计算水泥的单位运杂费、预算价格和水泥总费用。

2. 已知:新建某公路工程项目,其中有一座小桥工程,桥长工程量为14.38m,按照当地材料预算价格与三级施工企业施工,其施工图预算:直接预算单价为2.1067万元/m,采用施工图预算加系数包干。试计算其直接费、间接费与施工图预算包干费用。(有关费率:其他工程费综合费率5.39%,间接费综合费率47.26%。)

3. 已知:沥青混凝土路面LH-15,拌和设备生产能力30t/h,5t自卸汽车运输,$L=2km$,机械摊铺,路面宽18m,工程量2867m^3,改建工程在浙江省台州市某地,双向混合交通量1215辆/昼夜,省二级施工企业施工,综合里程20km,工地转移距离100km,经过预算直接预算单价为415元/m^3。试计算其直接费、间接费与施工图预算包干费用。(有关费率:其他工程费综合费率8.22%,间接费综合费率48.67%。)

4. 有一新建公路工程项目,其中有一座小桥,经过工程预算,其直接工程费为28.5623万元。试计算其建筑安装工程费。(有关费率见表4-11)

有关费率表(%) 表4-11

其他工程费综合费率	5.39	间接费综合费率	47.26
利润率	6.30	综合税率	3.41

六、作图题

1. 有4个施工段4道工序需要的作业时间(d)如表4-12所示,作无节拍流水作业,要求各施工班组无间断连续施工。要求:①确定各工序之间的最小流水步距(K_{ijmin});②绘制横道图;③确定其总工期T。

施工段工序时间表(d) 表4-12

施工段 / 工序	1	2	3	4
A	5	3	9	2
B	7	4	3	8
C	3	3	6	2
D	4	3	6	7

2. 有4个施工段2道工序需要的作业时间(d)如表4-13所示,作无节拍流水作业。要求:①确定其总工期T最短的施工顺序;②绘制横道图。

施工段工序时间表(d) 表4-13

施工段 / 工序	1号	2号	3号	4号	5号
A	4	3	8	7	6
B	6	4	5	8	9

3. 根据下列工序之间的逻辑关系(表4-14),要求:①绘制网络图;②计算节点和工序时间参数;③计算节点时差;④确定关键线路与工期。

工 序 逻 辑 关 系　　表 4-14

工序代号	A	B	C	D	E	F	G	H	I
紧前工序			A	B	C、D	D、C	D	E、F、G	F、G
作业时间(d)	5	2	2	5	3	4	2	7	4

4. 根据下列工序之间的逻辑关系(表 4-15),要求:①绘制网络图;②计算节点和工序时间参数;③计算节点时差;④确定关键线路与工期。

工 序 逻 辑 关 系　　表 4-15

工序代号	A	B	C	D	E	F	G	H	I	J
紧前工序		A	B、D			D、E	A、F	C、G	C	C、H
作业时间(d)	4	3	5	6	5	2	5	3	4	6

5. 有 4 个施工段 3 道工序需要的作业时间(d)如表 4-16 所示,作无节拍流水作业。要求:①各施工班组无间断连续施工;②作横道图;③求各工序之间的最小流水步距($K^{1}_{ij\min}$)与总工期 T。

施工段工序时间表(d)　　表 4-16

工序	施工段			
	1	2	3	4
A	5	7	8	2
B	7	6	3	8
C	4	3	6	2

6. 根据下列工序作业时间表(表 4-17),要求:①绘制网络图;②计算网络时间参数;③确定关键线路与工期。

工序作业时间表(d)　　表 4-17

工　序	作 业 时 间	工　序	作 业 时 间
1-2	5	5-7	17
1-3	10	5-9	9
1-4	12	6-7	0
2-4	0	6-8	8
2-5	14	7-8	5
3-4	6	7-9	13
3-6	13	7-10	8
4-5	7	8-10	14
4-7	11	9-10	6

4.7 科目七:公路施工安全技术考核题库

一、单项选择题

1. 我国安全生产管理的方针是(　　)。

A. 安全至上、以人为本、综合治理　　B. 质量第一、兼顾安全、综合治理

C. 安全第一、预防为主、综合治理　　D. 安全责任重于泰山

2. 我国现行的五位一体的安全生产体制中,安全生产工作的实施主体是(　　)。

A. 施工企业　　B. 项目经理

C. 项目专职安全生产管理人员　　D. 企业法人

3. 在建设工程安全生产管理基本制度中,(　　)是最基本的安全生产管理制度,是所有安全规章制度的核心。

A. 安全生产责任制度　　B. 安全生产群防群治制度

C. 安全生产检查制度　　D. 安全责任追究制度

4. 公路施工企业安全生产的第一责任人是(　　)。

A. 专职安全员　　B. 项目经理　　C. 主管领导　　D. 企业法人代表

5. 公路施工企业项目经理每年接受安全培训的时间不得少于(　　)个学时。

A. 40　　B. 30　　C. 20　　D. 10

6. 公路施工企业专职安全管理人员每年接受安全培训的时间不得少于(　　)个学时。

A. 40　　B. 30　　C. 20　　D. 10

7. 公路施工企业专职安全生产管理人员负责对施工现场的安全生产进行监督检查,发现违章指挥、违章操作的,应当(　　)。

A. 马上报告有关部门　　B. 找有关人员协商　　C. 立即制止　　D. 通知项目负责人

8. 根据《建设工程安全生产管理条例》,施工单位应当设立(　　),配备专职安全生产管理人员。

A. 安全生产管理机构　　B. 安全生产监督机构

C. 安全生产实施机构　　D. 安全生产保障机构

9. 公路施工企业以最基础、最本质、最直接的方法来保证安全生产的是(　　)。

A. 安全管理　　B. 安全法规　　C. 安全技术　　D. 安全制度

10. 公路施工企业在采用新工艺、新技术、新设备、新材料时,应当对(　　)进行相应的安全生产教育培训。

A. 项目负责人　　B. 主要负责人　　C. 班组长　　D. 作业人员

11. 总承包单位和分包单位就分包工程对建设单位(　　)。

A. 独立承担各自的责任　　B. 承担过错的责任

C. 承担适当的责任　　D. 承担连带责任

12. 公路施工企业施工单位应当将施工现场的办公、生活区与作业区(　　),并保持安全距离。

A. 集中设置　　B. 混合设置　　C. 相邻设置　　D. 分开设置

13. 新工人进场前应完成三级安全教育,三级安全教育是指(　　)这三级。

A. 企业法定代表人、项目负责人、班组长　B. 公司、项目、班组

C. 公司、总包单位、分包单位　　D. 建设单位、施工单位、监理单位

14. 根据《建设工程安全生产管理条例》,建设单位在编制(　　)时,应当确定建设工程安全作业环境及安全施工措施所需费用。

A. 工程预算　　B. 工程估算　　C. 工程决算　　D. 工程概算

15. 根据《建设工程安全生产管理条例》,建设工程施工前,施工单位负责项目管理的技术人员应当对有关安全施工的技术要求向(　　)作出详细说明,并由双方签字确认。

A. 监理人员　　B. 建设单位工作人员

C. 施工作业班组、作业人员　　　　　D. 设计人员

16. 按国家经贸委发布的《特种作业人员安全技术培训考核管理办法》的界定，下列不属于特种作业人员的是(　　)。

A. 电工　　　　　B. 锅炉工

C. 企业内机动车辆驾驶员　　　　　D. 一般的汽车驾驶员

17. 用人单位由于生产经营需要，须与工会和劳动者协商后可以延长工作时间，但每月延长的工作时间不得超过(　　)。

A. 24h　　B. 36h　　C. 40h　　D. 48h

18. 海因里希提出的多米诺骨牌原理中的五因素分别为：社会环境和管理、(　　)、不安全行为和不安全状态、意外事件、伤亡。

A. 人的失误　　　　　B. 管理的失误

C. 人的失误和管理的失误　　　　　D. 人的失误或管理的失误

19. 经过对大量事故数据统计，事故的直接损失与间接损失的比例为(　　)。

A. 1∶3　　B. 1∶4　　C. 1∶5　　D. 1∶6

20. 轨迹交叉理论认为防止事故发生的侧重点在于(　　)。

A. 砍断人的事件链　　　　　B. 砍断物的事件链

C. 同时砍断人的事件链和物的事件链　　　　　D. 防止两事件链交叉

21. 在路基工程中，膨胀土地区开挖时，开挖前要做好(　　)。

A. 推土方案　　B. 回填土准备工作　　C. 排水工作　　D. 边坡加固工作

22. 事故发生机理的意外释放论，认为事故是一种不正常的或不希望的(　　)的最终结果。

A. 连锁反应　　B. 能量意外释放　　C. 相互作用　　D. 能量控制

23. 当电气设备采用超过(　　)安全电压时，必须采取防止直接接触带电体的保护措施。

A. 12V　　B. 24V　　C. 36V　　D. 48V

24. 移动式配电箱、开关箱中心点与地面的相对高度可为(　　)。

A. 0.3m　　B. 0.6m　　C. 0.9m　　D. 1.8m

25. 工程施工现场用电系统中，连接用电设备外露可导电部分的 PE 线应采用(　　)。

A. 绝缘铜线　　B. 绝缘铝线　　C. 裸铜线　　D. 钢筋

26. 公路施工现场用电工程中，PE 线上每处重复接地的接地电阻值不应大于(　　)。

A. 4Ω　　B. 10Ω　　C. 30Ω　　D. 100Ω

27. 把电气设备正常情况下不带电的金属部分与电网的保护零线进行连接，称作(　　)。

A. 保护接地　　B. 保护接零　　C. 工作接地　　D. 工作接零

28. 工程施工现场专用的，电源中性点直接接地的 220V/380V 三相四线制用电工程中，必须采用的接地保护形式是(　　)。

A. TN　　B. TN-S　　C. TN-C　　D. TT

29. 工程施工现场的机动车道与 220V/380V 架空线路交叉时的最小垂直距离应是(　　)。

A. 4m　　B. 5m　　C. 6m　　D. 7m

30. 交通工程工地上，易燃易爆品仓库、发电机房、变电所，应采取必要的安全防护措施，严禁用易燃材料修建。炸药库的设置应符合国家有关规定。工地的小型临时油库应远离生活区(　　)以外，并外设围栏。

A. 20m　　B. 30m　　C. 40m　　D. 50m

31. 路基施工爆破时，应点清爆炸数与装炮数量是否相符。确认炮响完并过(　　)后，方准爆破人员进入爆破作业点。

A. 10min　　B. 5min　　C. 3min　　D. 2min

32. 路基施工爆破时，宜使用瞬发电雷管；若采用毫秒雷管时；其总的延期时间不得超过(　　)。严禁使用秒和半秒延期点雷管。

A. 100ms　　B. 110ms　　C. 120ms　　D. 130ms

33. 工程冬期施工时氧气瓶冻结，应采取(　　)的措施解冻。

A. 明火烘烤　　B. 热水解冻　　C. 用铁锤轻打　　D. 反复振荡

34. 冬季在露天施工，当乙炔焊软管和回火防止器冻结时，严禁用(　　)化冻。

A. 热水　　B. 放在暖气设备下　　C. 火焰烘烤　　D. 蒸气

35. 路基工程施工中，土方与地基基础工程的雨期施工，下列(　　)的描述不正确。

A. 雨期前应消除沟边多余的弃土，减轻坡顶压力

B. 雨期开挖基坑(槽、沟)时，应注意边坡稳定，防止塌方

C. 雨期土方开挖应当在建筑物四周做好截水沟或挡水堤，严防场内雨水倒灌

D. 临近雨期开挖基坑(槽、沟)，工作面不宜过小，不宜分段进行

36. 为避免现场浇注混凝土受振动的影响，在混凝土强度未达到 5MPa 前，锤击沉桩处与现场浇注混凝土之间的距离不得小于(　　)m。

A. 10　　B. 30　　C. 60　　D. 80

37. 易燃易爆物品仓库的大门应当(　　)开启。

A. 向内　　B. 向外　　C. 上下　　D. 横向推拉

38. 路面施工中支搭的沥青锅灶，应距建筑物至少(　　)，距电线垂直下方在 10m 以上，周围不得有易燃易爆物品，并应备用锅盖、灭火器等防火用具。

A. 10m　　B. 20m　　C. 25m　　D. 30m

39. 深坑作业时应经常检查孔内二氧化碳浓度，超过________或孔深大于________时，必须要用空压机通风(　　)。

A. 0.3%，10m　　B. 0.03%，100m　　C. 3%，100m　　D. 1%，10m

40. 隧道内的空气成分、风速和含尘量必须每(　　)检测一次。

A. 月　　B. 周　　C. 3 月　　D. 半年

41. 凡从事(　　)m 以上高处作业人员，应系好安全带，穿好防滑软底鞋，扎紧袖口，衣着灵便。

A. 2　　B. 3　　C. 4　　D. 5

42. 桥梁基础施工中，人工挖孔深度超过 10m 时，应采用机械通风。当使用风镐凿岩时，应加大送风量，吹排凿岩产生的石粉。人工挖孔最深不宜大于(　　)。

A. 15m　　B. 20m　　C. 25m　　D. 30m

43. 物体吊运时，应在离地(　　)cm 处试吊，检查负荷和缆绳情况，确认无误后，才可起吊；吊装中若发现变异，应立即停止作业。

A. 10　　B. 50　　C. 100　　D. 150

44. 桥梁混凝土浇筑时的悬空作业，如无可靠的安全设施，必须系好安全带并(　　)，或架设安全网。

A. 戴好安全帽　　B. 扣好保险钩　　C. 穿好防滑鞋　　D. 戴好手套

45. 桥梁脚手架拆除时,必须是(　　)。

A. 由上而下逐层进行,严禁上下同时作业

B. 可以上下同时拆除

C. 由下部往上逐层拆除

D. 对于不需要的部分,可以随意拆除

46. 下列哪种是护岸工程常用的结构形式(　　)。

A. 基层—沙垫层—反滤层—干砌块石面层

B. 基层—盲沟—混凝土面层

C. 基层—反滤层—碎石面层

D. 基层—模袋混凝土面层

47. 人的头顶和安全帽体内顶部的空间垂直距离一般不小于(　　)mm。

A. 5　　B. 10　　C. 30　　D. 50

48. 工程施工时,现浇钢筋混凝土梁、板,起拱时的跨度大于(　　)。

A. 2m　　B. 3m　　C. 4m　　D. 5m

49. 工程上部结构脚手架的人行斜道应设防滑条,其距离为(　　)。

A. 600mm　　B. 500mm　　C. 400mm　　D. 250 ~ 300mm

50. 挖掘机作业时,(　　)不得在铲斗回转半径范围内停留。

A. 任何人　　B. 非工作人员　　C. 工程技术人员　　D. 围观群众

51. 施工中多台铲运机联合作业时,各机之间前后距离不得小于(　　)。

A. 2m　　B. 5m　　C. 7m　　D. 10m

52. 路面施工中沥青洒布机作业驾驶员与机上操作人员应密切配合,操作人员应注意自身的安全。作业时在喷洒沥青方向(　　)以内,不得有人停留。

A. 5m　　B. 10m　　C. 15m　　D. 20m

53. 绞吸挖泥船在最大挖深时,绞刀桥梁下方与水平面的倾斜角应为(　　)。

A. 30° ~ 40°　　B. 40° ~ 45°　　C. 50° ~ 55°　　D. 55°以上

54. 多次弯曲造成的(　　)是钢丝绳破坏的主要原因之一。

A. 拉伸　　B. 扭转　　C. 弯曲疲劳　　D. 剪切

55. 混凝土搅拌工主要的职业危害为(　　)。

A. 水泥尘　　B. 辐射　　C. 木屑尘　　D. 噪声

56. 高陡边坡施工时,开挖工作应与装运工作应(　　),严禁上下双重作业。

A. 同时进行　　B. 分开进行　　C. 相互错开　　D. 随开随运

57. 人工挖基作业时,基坑上边缘暂时堆放的土方至少应距坑边(　　)m 以外,堆放高度不得超过(　　)m。

A. 0.5, 1.0　　B. 0.8, 1.5　　C. 1.0, 2.0　　D. 0.8, 1.0

58. 用风镐开挖旧路面时,应并排前进,左右间距应不少于(　　)m,不得面对面使镐。所用工具应拼接牢靠,防止铁镐脱飞伤人。

A. 1m　　B. 2m　　C. 5m　　D. 10m

59. 隧道洞内支护,宜随挖随支护,支护与开挖的距离一般不得超过(　　)m,如遇到石质破碎、风化严重和土质隧道,应尽量缩短支护工作面。

A. 2m　　B. 4m　　C. 5m　　D. 10m

二、多项选择题

1. 公路建设主体工程与安全设施工程要做到三同时，是指同时（　　）。

A. 设计　　B. 投标　　C. 施工　　D. 投入生产和使用

2. 公路施工企业法人代表在组织并主持内部重大伤亡事故调查处理工作时，要做到“四不放过”。下列属于“四不放过”的是（　　）。

A. 主管领导未接受不放过
B. 事故原因未查清不放过
C. 责任人未处理不放过
D. 防止责任事故发生的措施不落实不放过
E. 广大职工未受到教育不放过

3. 下列选项中，属于安全生产“五同时”原则的是（　　）。

A. 计划　　B. 检查　　C. 上报　　D. 总结　　E. 评比

4. 公路施工企业的从业人员在安全生产方面应享有的权利包括（　　）。

A. 应急措施的知情权
B. 安全生产管理中问题的控告权
C. 违章指挥的拒绝权
D. 紧急避险权
E. 担心当班工作可能有危险的旷工权

5. 公路施工企业的从业人员在安全生产方面应履行的义务包括（　　）。

A. 遵守有关安全生产的法律法规
B. 自觉接受安全教育和培训
C. 正确使用劳动保护用品
D. 自觉自费购买保险
E. 发现安全隐患及时报告

6. 安全技术措施按其功能可分为（　　）。

A. 直接安全技术措施
B. 间接安全技术措施
C. 提示性安全技术措施
D. 个体防护措施
E. 安全管理措施

7. 生产经营单位的负责人接到单位发生生产安全事故的报告后，应当（　　）。

A. 立即组织调查，分析事故原因
B. 迅速采取有效措施，组织抢救
C. 防止事故扩大，减少人员伤亡和财产损失
D. 按国家有关规定立即向有关部门报告
E. 组织清理事故现场，尽快恢复生产

8. 危险性包括（　　）两方面的问题。

A. 事故发生可能性　　B. 故障发生概率　　C. 人失误率
D. 事故后果严重程度　　E. 危险源控制

9. 钢丝绳的破坏原因主要有（　　）。

A. 截面积减少　　B. 质量发生变化　　C. 变形　　D. 突然损坏　　E. 连接过长

10. 防止触电防护的适应性措施是（　　）。

A. 绝缘　　B. 屏蔽保护　　C. 安全距离
D. 采用24V及以下安全特低电压　　E. 采用漏电保护器

11. 以下哪些是防触电的措施？（　　）

A. 电气隔离　　B. 屏护和安全距离　　C. 连锁保护　　D. 绝缘

12. 根据《建设工程安全生产管理条例》，下列（　　）达到一定规模的危险性较大的分部分项工程，需编制专项施工方案，并附具安全验算结果；经施工单位技术负责人、总监理工程师

签字后实施，由专职安全生产管理人员进行现场监督。

A. 基坑支护与降水工程　B. 土方开挖工程　C. 模板工程

D. 混凝土工程　E. 脚手架工程

13. 对于已埋设护筒未开钻或已成桩护筒尚未拔除的，应该注意的事项有（　　）。

A. 在护筒内注水　B. 在护筒内注泥浆　C. 加设护筒顶盖

D. 铺设安全网遮罩　E. 在护筒边加设安全警示标识

14. 设计模板及其支架时，应考虑（　　）。

A. 工程结构形式　B. 荷载大小　C. 地基承载力

D. 施工设备　E. 材料供应

15. 桥梁施工中冬期钢筋加工应注意的安全事项有（　　）。

A. 冷拔、冷拉钢筋时，防止钢筋断裂

B. 负温下应注意有裂纹的预应力夹具出现破裂

C. 预制构件中钢筋吊环发生脆断

D. 气焊氧气瓶嘴冻结后用明火烤，乙炔气回火

E. 钢筋的实际抗拉强度降低

16. 为了保证履带式起重机的安全使用，必须做到（　　）。

A. 路基的承载力足够　B. 禁止斜拉　C. 禁止斜吊

D. 严禁起吊埋设在地下的重物　E. 严禁起吊凝结在地面上的重物

17. 常见的劳动防护用品有（　　）。

A. 安全帽　B. 安全带　C. 绝缘手套、救生衣

D. 绝缘靴、防护面罩　E. 防毒口罩、噪声耳塞

18. 作业人员对工程项目应了解的安全要点有（　　）。

A. 工程项目的施工作业特点和危险源、危险点

B. 对危险源、危险点的具体预防措施

C. 相应的安全操作规程和标准

D. 本项目应该注意的安全事项

E. 发生事故后应该采取的避难和紧急救援措施

19. 生产经营单位主要负责人对本单位安全生产负有下列责任（　　）。

A. 建立、健全并组织落实安全生产责任制

B. 组织制订并督促落实安全生产规章制度和安全操作规程

C. 保证安全生产投入的有效实施和安全生产费用的提取使用

D. 组织检查安全生产工作，及时消除生产安全事故隐患

E. 组织制订并实施生产安全事故应急救援预案

20. 工程起重吊装作业中使用的吊钩、吊环，其表面要光滑，不能有（　　）等缺陷。

A. 剥裂　B. 刻痕　C. 锐角　D. 接缝　E. 裂纹

21. 公路施工中，雨期施工应考虑施工作业的（　　）措施。

A. 防雨　B. 排水　C. 防雷　D. 防模板坍塌　E. 防滑

22. 气瓶的安全使用应注意（　　）。

A. 防止气瓶倾倒

B. 正确操作

C. 气瓶使用到最后应留有余气,以防止混入其他气体或杂质而造成事故

D. 加强气瓶的维护

E. 气瓶使用单位不得自行改变充装气体的品种和擅自更换气瓶的颜色标志

23. 汽车吊使用中应注意(　　)。

A. 不能超载使用

B. 基础符合承载要求

C. 支腿支完应将车身调平并锁住

D. 支腿处必须坚实,必要时应增铺垫道木

E. 六级风以上时停止工作

24. 铲运机下坡时(　　)。

A. 应低速行驶　B. 不得空挡滑行　C. 不得转弯

D. 不得制动　E. 不得在挡位上滑行

25. 插入式振动器电动机电源开关箱中,应(　　)。

A. 安装漏电保护器　B. 熔断器选配应符合要求　C. 接地应安全可靠

D. 加防护罩　E. 加紧急断电按钮

26. 交通工程工地上,所有运载车辆均不准超载、超宽、超高运输。运装大体积或超长料具时,应有(　　)。

A. 专人指挥　B. 专人护送　C. 专车运输　D. 并设置显示界限的红灯

27. 翻斗车在(　　)时,严禁在车底下进行任何作业。

A. 内燃机运转　B. 斗内有荷载　C. 卸料工况

D. 检修　E. 停运工况

28. 钢筋冷拉机作业前,应对(　　)进行检查。

A. 设备各连接部位　B. 安全装置　C. 冷拉夹具

D. 钢丝绳　E. 电气装置

29. 起重机的拆装作业应在白天进行。当遇有下列哪些天气时应停止作业?(　　)

A. 大风　B. 潮湿　C. 浓雾　D. 雨雪　E. 高温

30. 操作塔式起重机严禁下列哪些行为?(　　)

A. 拔桩　B. 斜拉、斜吊　C. 顶升时回转

D. 抬吊同一重物　E. 提升重物自由下降

31. 所有进入隧道工地区的人员,必须(　　)。

A. 佩戴袖章　B. 按规定佩戴安全防护用品　C. 遵章守纪　D. 听从指挥

32. 工程上部结构进行模板支撑和拆卸时的悬空作业,下列哪些规定是正确的?(　　)

A. 严禁在连接件和支撑上攀登上下

B. 并严禁在上下同一垂直面上装、拆模板

C. 支设临空构筑物模板时,应搭设支架或脚手架

D. 模板上留有预留洞时,应在安装后将洞口覆盖

E. 拆模的高处作业,应配置登高用具或塔设支架

33. 按照防火要求,桥梁施工现场应当明确划分(　　)区域。

A. 禁火区　B. 仓库区　C. 办公区　D. 生活区　E. 生产区

34. 路面施工中满载沥青的洒布车应(　　)。

A. 中速行驶　　B. 遇有弯道、下坡时提前减速、尽量避免
C. 行驶严禁使用加热系统　　D. 驾驶员应避免疲劳驾驶

35. 易燃易爆化学物品出厂时，必须有产品安全说明书。说明书中必须有经法定检验机构测定的该物品的（　　）数据。
A. 燃点　B. 闪点　C. 自燃点　D. 爆炸极限　E. 浓度极限

36. 工地常备的消防器材有（　　）。
A. 砂子　B. 水桶　C. 铁锹　D. 灭火机　E. 水池

37. 防暑降温应采取（　　）等综合性措施。
A. 组织措施　B. 技术措施　C. 通风降温
D. 卫生保健措施　E. 经济措施

38. 工程施工现场临时锅炉房设置的位置应考虑周围临建的环境，不宜和（　　）等相邻。
A. 木工棚　B. 食堂　C. 易燃易爆材料仓库
D. 钢筋棚　E. 变压室

39. 钻机停钻时的注意事项有（　　）。
A. 将钻头提出孔外，将钻头置于钻架上
B. 严禁将钻头停留孔内过久
C. 应该将钻头放人孔底
D. 钻头不能提出孔外
E. 钻头应该置于井口

40. 桥梁安装模板时应做到（　　）。
A. 不得漏浆　B. 尺寸正确　C. 上下应用人接应
D. 随装随运　E. 严禁抛掷

41. 路基施工时，履带式推土机具有（　　）等特点，适用于条件较差地带作业。
A. 附着性能好　B. 灵活性好　C. 接地比压小
D. 爬坡能力强　E. 压实深度大

42. 桥梁施工中，选择桩架高度应考虑（　　）的要求。
A. 桩长　B. 锤高　C. 桩帽　D. 安全距离　E. 垫板

43. 桥梁施工中，打桩机工作时，严禁（　　）等动作同时进行。
A. 吊桩　B. 固转　C. 吊锤　D. 行走　E. 吊送桩器

44. 钢筋强化机械包括（　　）。
A. 钢筋冷拉机　B. 钢筋冷拔机　C. 钢筋轧扭机　D. 钢筋弯曲机　E. 钢筋切断机

45. 桥梁施工中，雨天和雪天进行高处作业时，必须采取什么措施？（　　）
A. 防滑　B. 防风　C. 防冻　D. 防寒　E. 防火

46. 防护棚塔设与拆除应符合哪些规定？（　　）
A. 严禁上下同时拆除　B. 设防护栏杆　C. 设警戒区
D. 派专人监护　E. 立告示牌

47. 遇有六级以上强风、浓雾等恶劣气候，不得进行何种作业？（　　）
A. 悬空高处作业　B. 高处作业　C. 露天作业
D. 露天攀登　E. 电工作业

48. 总配电箱电器设置种类的组合应是（　　）。

A. 刀开关、断路器、漏电保护器　　　B. 刀开关、熔断器、漏电保护器

C. 刀开关、断路器、熔断器、漏电保护器　　　D. 刀开关、断路器

E. 断路器、漏电保护器

49. 公路施工现场配电箱、开关箱的箱体材料可采用(　　)。

A. 冷轧铁板　　　B. 环氧树脂玻璃布板　　　C. 木板

D. 木板包铁皮　　　E. 电木板

50. 桥梁工地上，高处作业人员(　　)。

A. 不得穿拖鞋或硬底鞋

B. 所需的材料要事先准备齐全

C. 工具应放在工具袋内

D. 与此地面联系，应有专人负责或配有通信设备

三、判断题(判断正误，并将错题改正)

1. 危险是指系统中存在导致发生不期望后果的可能性超过了人们的承受程度。(　　)

2. 公路施工企业完成安全生产总任务必须有专业人才。(　　)

3. 公路工程安全管理的重点是对事故的调查。(　　)

4. 公路工程安全事故，职业疾病是完全能够避免的。(　　)

5. 施工总承包的，建筑工程主体结构的施工必须由总承包单位自行完成。(　　)

6. 路基施工中挡土墙的作用主要用来维护土体边坡的稳定，防止坡体的滑移和土方坡的坍塌。(　　)

7. 安全帽使用年限为三年，到期后使用单位必须到有关部门进行抽查测试，合格后方可继续使用。(　　)

8. 公路工程有效的安全管理应建立在对风险和如何控制风险的理解的基础上。(　　)

9. 公路工程新从业人员进场的三级安全教育，公司一级的安全教育可以由公司派专职安全管理人员到施工现场进行。(　　)

10. 大型桥梁施工现场、隧道和预制场地，应有自备电源，以免因电网停电造成工程损失和出现事故。自备电源和电网之间，要有联锁保护。(　　)

11. 路基施工工中土坡坡度要根据工程地质和土坡高度，结合当地同类土体的稳定坡度值确定。(　　)

12. 路基施工中人工开挖土方时，两个人操作间距应保护 1～2m，并应自上而下逐层挖掘。(　　)

13. 公路工程在拆除工程作业中，发现不明物体，应停止施工，采取相应的应急措施，保护现场并应及时向有关部门报告。(　　)

14. 公路施工过程施工过程中，当发生重大险情或生产安全事故时，应及时排除险情、组织抢救、保护事故现场，并向有关部门报告。(　　)

15. 路基施工中，推土机在坡道上可以进行检修作业。(　　)

16. 桥梁工地在室外使用的电焊机应设有防水、防晒、防砸的机棚，并备有消防用品。(　　)

17. 焊接铜、铝、锌、锡、铅等有色金属时，同焊接普通钢材相比，焊工可不采用安全措施。(　　)

18. 交通工程冬期施工现场不需建立防火组织机构和设置消防器材。(　　)

19. 采用爆破法挖冻土，如遇有瞎炮，应在原炮眼内重装炸药。 ( )

20. 桥梁工地雨期施工露天使用的电焊机应当设置在地势高的地方，可不设防雨措施。 ( )

21. 桥梁工地雨天不得在露天装卸水泥。 ( )

22. 交通工程施工现场应设置安全标志，并不得擅自拆除。 ( )

23. 公路施工中，靠近河流和陡壁处的道路，应设置护栏和明显警告标志。 ( )

24. 船上(或支架平台上)制造完成的浮式沉井，下水时宜在水面波浪较小时进；有船只驶过时，应暂缓入水。 ( )

25. 打桩船、起重船施工前，应了解作业区域的水深、流速、河床地质等有关情况；并对船舶行驶、抛锚、定位做好安全准备工作。 ( )

26. 焊接链条因其挠性好，安全性能好，运行速度低，且能承受冲击载荷，可在吊装作业中广泛使用。 ( )

27. 爆破拆除设计人员应具有承担爆破拆除作业范围和相应级别的爆破工程技术人员作业证。 ( )

28. 拆除工程施工过程中，当发生重大险情或生产安全事故时，应及时排除险情、组织抢救并应保护事故现场，向项目负责人报告。 ( )

29. 当风力超过七级时，应将桩机顺风向停置，并增加缆风绳。 ( )

30. 驾驶员对任何人发出的紧急停止信号，均应服从。 ( )

四、概念解释题

1. 安全技术　2. 安全管理　3. 事故　4. 能量意外释放　5. 防护装置
6. 特殊工程　7. 文明施工　8. 高处作业　9. 光面爆破　10. 顶推法施工

五、简答题

1. 简述安全管理的基本原则与建筑施工安全的控制特点。
2. 简述安全员的权利与责任。
3. 简述施工安全技术措施编制针对性的内容。
4. 简述高陡边坡处施工的安全要点。
5. 简述沥青混合料摊铺作业时的安全要点。
6. 简述悬臂浇筑采用桁架挂篮施工时的安全要点。
7. 简述点焊机作业的安全要点。
8. 简述建设工程的特点和存在的安全问题及国家采取的对策措施。

5 应会技能考核评价标准

5.1 测量技术技能考核评价标准

测量技术是道路桥梁工程技术专业学生必须掌握的基础性专业技能。按照工程测量技术课程教学标准的要求，学生通过本课程的学习，应具有正确操作、使用、维护常规测绘仪器的能力；会用所学的测量知识和技能，进行工程相关项目的测量；能规范地记录和计算测量结果。为了考评上述课程教学目标中的技能操作水平，参考了国家测绘局和劳动与社会保障部颁布的《中级测量工实践技能考核标准》，在通过教学实践验证的基础上，研究制订了本技能考核评价标准。

一、测量技能考核项目与考核标准

根据测量技术实践技能的表现特点，结合专业课程教学的规律和教学组织形式，以实用性和可操作性为出发点，重点进行实践技能的综合考核。测量实践技能综合考核项目与要求参见表5-1；测量技能考核评价标准见表5-2。

二、考核说明

1. 每位考生必须参加抽考项目（项目"1～4"中抽签决定四选一）之一和必考项目"5"的两项考核，两项考核成绩的平均分，作为实践技能考核的最后成绩。

2. 考核过程中任何人不得提示，各人应独立完成仪器操作、记录、计算及校核工作。

3. 主考人有权随时检查是否符合操作规程及技术要求，但应相应折减所影响的时间。

4. 若有作弊行为，一经发现一律按零分处理，不得参加补考。

5. 考核前考生应准备好铅笔、钢笔或圆珠笔、计算器，考核者应提前找好扶尺人。

6. 考核时间自架立仪器开始，至递交记录表为终止。

7. 数据记录、计算及校核均填写在相应记录表中；记录表不可用橡皮擦修改，记录表以外的数据不作为考核结果。

8. 在测量过程中，若精度未能符合测量精度要求，则成绩按不及格处理。

9. 若考核中的观测数据本身符合要求，但因计算有误，其总评成绩在正常的评定成绩基础上下降一个等级。

10. 主考人应在考核结束前检查并填写仪器对中、整平情况，在考核结束后填写考核所用时间并签名。

测量实践技能综合考核项目与要求　　　表5-1

考核项目		任务要求	技术要求
1	普通水准闭合路线测量	1. 正确操作仪器； 2. 用普通水准测量方法，能在规定时间内完成闭合水准路线测量任务；	1. 路线长度要求200m以上，共设站4次； 2. 配合默契、按操作规程作业；

续上表

	考核项目	任务要求	技术要求
1	普通水准闭合路线测量	3. 完成该段水准路线的测量记录和计算校核，求出高差闭合差并满足规定容许误差要求	3. 记录、计算整齐、清洁、书写工整，无错误； 4. 闭合差 $f_h \leq \pm 12\sqrt{n}$(mm)，高差不进行分配（注：n 为测站数）
2	水准仪四等水准测量	1. 正确操作仪器； 2. 用四等水准测量方法，能在规定时间内完成一个闭合水准路线测量任务； 3. 完成四等水准测量的记录和计算校核，求出闭合差并满足规定容许误差要求	1. 闭合水准路线长约300m，共设站3次； 2. 记录、计算完整、清洁、书写工整，无错误； 3. 每站前后视距差不超过5.0m，前后视距累计差不超过10.0m； 4. 黑红面读数差不大于3mm；红黑面高差之差不大于5mm； 5. 闭合差 $f_h \leq \pm 20\sqrt{L}$(mm)，高差不进行分配（注：L 线路总长度，单位为km）
3	经纬仪测回法测量三角形的内角	1. 正确操作使用 DJ_6 经纬仪； 2. 用测回法能在规定时间内完成三角形的水平角观测； 3. 完成记录和计算校核并求出三角闭合差； 4. 每个内角观测一测回	1. 严格按测回法的观测程序作业，对中误差≤3mm，水准气泡偏差＜1格； 2. 记录、计算整齐、清洁、书写工整，无错误； 3. 半测回较差≤40″； 4. 三角形闭合差≤60″
4	全站仪测量点的三维坐标	1. 正确操作仪器； 2. 根据测站点的三维坐标及测站点至后视点的坐标方位角，测量出空间一点的三维坐标； 3. 完成测量的记录和计算	1. 现场任意标定三点为 M、N、P，在 M 点（已知点）设站后视 N 点（已知MN边的坐标方位角），测出 P 点的三维坐标； 2. 对中误差≤±3mm，水准管气泡偏差＜1格； 3. 记录、计算整齐、清洁、书写工整无误； 4. 配合默契按操作规程作业
5	单圆曲线主点测设	1. 正确操作仪器； 2. 根据给定和测得的已知条件，计算出各测设元素。（切线长 T、曲线长 L、外距 E、切曲差 D）； 3. 用经纬仪和钢尺或全站仪，在交点JD处进行ZY、YZ、QZ三个主点的测设； 4. 完成计算和放样，并在实地标定所测设的点位	1. 操作仪器严格按观测程序作业； 2. 对中误差≤±3mm，水准管气泡偏差＜1格； 3. 不能编程的科学计算器进行计算； 4. 记录、计算整齐、清洁、书写工整无误； 5. 实地标定点位清晰； 6. 纵向误差：≤±2cm，横向误差：≤±1cm

测量技能考核评价标准 表5-2

考核要素及权重	基本要求与考核标准	扣分参考标准
仪器操作（25分）	仪器操作规范15分	1. 根据搬运仪器、架立仪器、瞄准目标及读数等操作情况，每次扣0～2分； 2. 水准管气泡偏差＜1格，根据气泡符合情况，扣0～2分； 3. 对准误差≤±3mm，根据对准情况，扣0～2分； 4. 四等水准测量气泡偏差＜1mm，根据气泡符合情况扣0～2分
	操作熟练程度10分	
记录、计算及成果整理（15分）	记录规范5分	1. 根据记录情况，扣0～2分； 2. 根据检验和计算情况，每次扣0～1分
	现场完成必要的检验及计算10分	

考核要素及权重	考核项目	评分标准（以时间 T 为评分主要依据）			
		$M \geq 85$	$85 > M \geq 75$	$75 > M \geq 60$	$M < 60$
完成时间（60分）	1. 普通水准闭合路线测量	$T \leq 10'$	$10' < T \leq 15'$	$15' < T \leq 25'$	$T > 25'$
	2. 水准仪四等水准测量	$T \leq 15'$	$15' < T \leq 20'$	$20' < T \leq 30'$	$T > 30'$

续上表

考核要素及权重	基本要求与考核标准	扣分参考标准			
	考核项目	评分标准(以时间 T 为评分主要依据)			
		$M \geqslant 85$	$85 > M \geqslant 75$	$75 > M \geqslant 60$	$M < 60$
完成时间(60分)	3. 经纬仪测回法测量三角形的内角	$T \leqslant 30'$	$30' < T \leqslant 40'$	$40' < T \leqslant 50'$	$T > 50'$
	4. 全站仪测量点的三维坐标	$T \leqslant 8'$	$8' < T \leqslant 13'$	$13' < T \leqslant 18'$	$T > 18'$
	5. 单圆曲线主点测设	$T \leqslant 25'$	$25' < T \leqslant 30'$	$30' < T \leqslant 40'$	$T > 40'$

注:本评分标准分四个等级制定,具体分数由所在等级内插评分,表中 M 代表分数。

三、附件

附件一

水准测量记录表

班级:__________ 姓名:__________ 学号:__________

时间:__________ 得分:__________ 扣分:__________ 评分:__________

测点	水准尺读数(m)		高差 h(m)		高程(m)	备注
	后视 a	前视 b	+	−		
						起点高程设为50.000m
Σ						
计算校核	$\sum a - \sum b =$		$\sum h =$			

主考人填写:①圆水准气泡居中和补偿指标线不脱离小三角形情况,扣分:__________

②卷面整洁情况,扣分:__________

主考人:__________ 考试日期:______年______月______日

附件二 四等水准记录表

班级:________ 姓名:________ 学号:________

时间:________ 得分:________ 扣分:________ 评分:________

测点编号	后尺 下丝 / 上丝 / 后距 / 视距差	前尺 上丝 / 下丝 / 前距 / 累加差	方向及尺号	标尺读数 黑面(m)	标尺读数 红面(m)	K+黑-红(mm)	高差中数(m)	备 注
								已知 BM_1 的高程为 10.000m。

主考人填写:①圆水准气泡居中情况,扣分:________

②卷面整洁情况,扣分:________

主考人:________ 考试日期:____年____月____日

附件三

测回法记录表

班级:＿＿＿＿＿＿＿＿姓名:＿＿＿＿＿＿＿＿学号:＿＿＿＿＿＿＿＿

时间:＿＿＿＿＿得分:＿＿＿＿＿＿扣分:＿＿＿＿＿＿评分:＿＿＿＿＿

测点	盘位	目标	水平度盘读数(° ′ ″)	水平角		示意图
				半测回值(° ′ ″)	一测回值(° ′ ″)	
校核		三角形闭合差 f =				

主考人填写:①对中误差:＿＿＿＿＿＿mm,扣分:＿＿＿＿＿＿

②水准管气泡偏差:＿＿＿＿＿＿格,扣分:＿＿＿＿＿

③卷面整洁情况,扣分:＿＿＿＿＿＿＿＿＿＿

主考人:＿＿＿＿＿＿＿　　　　考试日期:＿＿＿＿年＿＿＿月＿＿＿日

附件四

全站仪坐标测量记录表

班级:________________ 姓名:________________ 学号:________________

时间:__________ 得分:____________ 扣分:____________ 评分:__________

已知:测站点__________的三维坐标 X = ______________m, Y = ______________m, Z = ______________m。

测站点____________至后视点____________的坐标方位角 α = ____________。

测得仪器高 = ________________m,前视点______________的棱镜高 = ______________m。

用盘左测得:前视点__________的三维坐标为:X = __________m, Y = __________m, Z = __________________m。

主考人填写:①对中误差:______________mm,扣分:________________

②水准管气泡偏差:______________格,扣分:______________

③卷面整洁情况,扣分:________________________________

主考人:______________ 考试日期:________年______月______日

附件五 **单圆曲线主点测设记录表**

班级:＿＿＿＿＿＿ 姓名:＿＿＿＿＿＿ 学号:＿＿＿＿＿＿

时间:＿＿＿＿ 得分:＿＿＿＿ 扣分:＿＿＿＿ 评分:＿＿＿＿

<table>
<tr><td colspan="3">交点号</td><td colspan="2">1</td><td>交点桩号</td><td>2K+500</td></tr>
<tr><td rowspan="5">转角观测结果</td><td>盘位</td><td>目标</td><td>水平度盘读数</td><td>半测回值</td><td>右角</td><td>转角</td></tr>
<tr><td rowspan="2">盘左</td><td></td><td></td><td rowspan="2"></td><td rowspan="4"></td><td rowspan="4"></td></tr>
<tr><td></td><td></td></tr>
<tr><td rowspan="2">盘右</td><td></td><td></td><td rowspan="2"></td></tr>
<tr><td></td><td></td></tr>
<tr><td colspan="2" rowspan="2">曲线元素</td><td colspan="2">R(半径)=30</td><td colspan="2">T(切线长)=</td><td>E(外距)=</td></tr>
<tr><td colspan="2">α(转角)=</td><td colspan="2">L(曲线长)=</td><td>D(超距)=</td></tr>
<tr><td colspan="2">主点桩号</td><td colspan="2">ZY(桩号):</td><td colspan="2">QZ(桩号):</td><td>YZ(桩号):</td></tr>
<tr><td colspan="2">QZ点放样要素</td><td colspan="5">初始边方向读数:
$\frac{\beta}{2}$值:
QZ点方向度盘读数计算值:</td></tr>
</table>

主考人填写:①对中误差:＿＿＿＿＿＿mm,扣分:＿＿＿＿＿＿

②水准管气泡偏差:＿＿＿＿＿＿格,扣分:＿＿＿＿＿＿

③卷面整洁情况,扣分:＿＿＿＿＿＿

主考人:＿＿＿＿＿＿ 考试日期:＿＿＿＿年＿＿＿月＿＿＿日

5.2 道路建筑材料实践技能考核评价标准

道路建筑材料试验技术是道路桥梁工程技术专业学生必须掌握的专业技能。按照道路建筑材料课程教学标准的要求，学生通过本课程的学习，应具有正确操作、使用、维护常规试验仪器的能力；会用所学的材料检测知识和技能进行工程材料的工程性能检测；能规范地记录和计算试验结果，并能评定检测结果。为了考评上述课程教学目标中的技能操作水平，参考了全国部分省（区）交通行业《中、高级公路工程试验工应会考核标准》，在通过教学实践验证的基础上，研究制订了本技能考核评价标准。

一、道路建筑材料试验技能考核项目与考核标准

根据道路建筑材料试验技能的表现特点，结合专业课程教学的规律和教学组织形式，以实用性和可操作性为出发点，拟定了道路建筑材料检测试验的考核项目。考核可采用抽签选项，具体考核可采用提问回答、操作过程、编写试验报告和项目完成时间等内容相结合的办法进行考核。道路建筑材料实践技能考核项目与要求参见表5-3；道路建筑材料实践技能考核评价标准见表5-4。

二、考核说明

1. 每位考生可在拟定的“集料、水泥及水泥混合料、沥青及沥青混合料”三类考核项目中，按类分别抽签选定必考项目各一项（即抽签选定必考项目共三项），各院校可根据教学要求也可在“石灰和钢筋”两项中增选一项进行考核。各考核项目的平均分作为实践技能考核的最后成绩。

2. 在进行实践技能考核之前，要做好如下各项准备工作：

（1）以任课教师和试验员组成技能考核小组；

（2）每项试验数据必须准确且要教师及试验员事先试验确定；

（3）考核前试验员必须准备好配套仪器和有关材料，并校正仪器和做好安全预防措施。

3. 考核前考生应准备好铅笔、钢笔或圆珠笔、计算器等必要的文具。考核项目抽签确定后，学生在预备考场准备10min后进入考场。要求考生在规定时间内独立完成试验项目，个别需要他人协助完成的项目，应提前在准备期安排好协助人员。

4. 考核过程中任何人不得提示，各人应独立完成仪器操作、记录、计算和成果整理等。若有作弊行为，一经发现一律按零分处理，不得参加补考。

5. 主考人有权随时检查是否符合操作规程及技术要求，但应相应折减所影响的时间，在考核结束后填写考核所用时间并签名。

6. 考核项目评分工作要在现场进行。

道路建筑材料实践技能考核项目及要求 表5-3

项目分类	考核项目		任务要求	技术要求	时间要求	备注
	序号	项目名称				
Ⅰ集料	1	砂的密度试验（表观密度）	1. 正确选用和使用仪器； 2. 四分法将缩分至650g左右的试样烘干； 3. 测定300g烘干试样的体积； 4. 记录、计算	1. 称重准确至0.1g； 2. 瓶内注入水的温度相差不超过2℃； 3. 密度值精确值小数点后三位； 4. 需做两次平行试验，两次结果之差不得大于0.01g/cm³； 5. 记录、试验结果进行处理，要准确无误	1h	预备时间10min，写报告30min

续上表

项目分类	考核项目		任务要求	技术要求	时间要求	备注
	序号	项目名称				
Ⅰ集料	2	砂紧装密度试验	1. 正确选用和使用仪器； 2. 试件制备； 3. 将试样装入容量筒并超出筒口，然后用直尺刮平、并称重	1. 称重准确至0.5g； 2. 密度精确至10kg/m^3； 3. 测量时，试样应分两层装入、每装完一层，应按规定的方法左右交替颠击地各25次； 4. 会进行容积筒容积较正； 5. 记录、试验结果应准确无误	1h	预备时间10min，写报告30min
	3	砂的筛分试验	1. 正确选用和使用仪器； 2. 试样制备； 3. 称取烘干试样500g； 4. 筛分； 5. 称取各筛余量； 6. 记录、计算并评定砂的级配	1. 称量精确至0.5g； 2. 分计和累计筛余百分率精确至0.1%； 3. 细度模数精确至0.01； 4. 筛分前后试样重量相差不得超过1%； 5. 需做两次平行试验，两次试验所得细度模数之差不得大于0.2； 6. 记录、计算结果进行处理，准确无误	1h	预备时间10min，写报告30min
	4	碎（卵）石密度试验（粗集料表观密度）	1. 正确选用和使用仪器； 2. 试样制备； 3. 测定试样及吊篮在水中的重量； 4. 测定吊篮在水中的重量； 5. 记录、计算	1. 称量精确至1g； 2. 密度精确至小数点后三位； 3. 测定时水的温度按要求执行； 4. 做两次平行试验，两次结果之差不大于0.02g/cm^3； 5. 记录、试验结果处理要准确无误	1h	预备时间10min，写报告30min
	5	碎（卵）石松密度试验	1. 正确选用和使用仪器； 2. 试样制备； 3. 将试样装满容积筒，并称重； 4. 记录、计算	1. 称量精确至50g； 2. 松密度精确至0.01g/cm^3； 3. 测定松装密度时，铁锹的齐口至容量筒上口的距离保持5cm； 4. 进行容积筒容积较正； 5. 记录、试验结果处理要准确无误	1h	预备时间10min，写报告30min
	6	粗集料压碎性测定	1. 正确选用和使用仪器； 2. 试样制备； 3. 取试样装入筒内； 4. 在试验机上加压至400kN； 5. 称量2.5mm筛上的筛留量； 6. 记录、计算	1. 称重准确至51g； 2. 试验机加压速度为10 min内均匀加荷到400kN，稳压5s； 3. 压碎值精确至0.1%； 4. 试样按规定的方法分两层装入； 5. 做三次平行试验； 6. 记录、计算结果要进行处理，准确无误	1h	预备时间10min，写报告30min
Ⅱ水泥及水泥混合料	7	水泥标准稠度用水量测定	1. 正确选用和使用仪器； 2. 取样500g； 3. 采用标准法测定标准稠度用水量； 4. 记录、计算	1. 水量准确至0.5mL； 2. 记录、计算准确无误	1h	预备时间10min，写报告30min可做2次
	8	水泥体积安定性测定	1. 正确选用和使用仪器； 2. 制标准稠度水泥净浆； 3. 制雷氏夹试件； 4. 量测体积安定性是否合格	1. 水泥净浆的制备同“水泥标准稠度用水量测定”； 2. 试验结果处理要准确	1h	预备时间10min，写报告30min

续上表

项目分类	考核项目		任务要求	技术要求	时间要求	备注
	序号	项目名称				
Ⅱ水泥及水泥混合料	9	水泥细度测定(负压筛析法)	1. 正确选用和使用仪器; 2. 称取试样; 3. 使用仪器筛分; 4. 称筛余物重; 5. 记录、计算	1. 称量前须通过0.9mm方孔筛; 2. 控制压力在规定范围内; 3. 称量准确至0.1g; 4. 记录、计算准确无误	40min	预备时间10min,写报告30min
	10	水泥胶砂试件成型	1. 正确选用和使用仪器; 2. 装配试模; 3. 称量各材料重量; 4. 搅拌、振动、成型; 5. 养护	1. 配好试模,应在其内壁均匀刷一层机油; 2. 各材料称量要准确; 3. 用刮刀刮去高出试模的胶砂时刀法要准确	1h	预备时间10min,写报告30min
	11	水泥胶砂强度测定	1. 正确选用和使用仪器; 2. 抗折强度试验; 3. 压强度试验; 4. 记录、计算	1. 试验前须擦去试体表面的水分和砂粒; 2. 抗折压力机加载速度为50N/s±10N/s; 3. 试体放入抗折夹具内应使侧面与圆柱接触; 4. 抗压试验时以试体侧面作为受压面,并使夹具对准压力机压板中心,压力机加载速度2400N/s±200N/s	30min	预备时间10min,写报告30min
	12	水泥混凝土混合物坍落度测定	1. 正确选用和使用仪器; 2. 称好各种原料; 3. 拌和; 4. 坍落度测定; 5. 记录、计算	1. 称料要准确; 2. 往坍落筒装料时要按规定方法装料; 3. 提筒在5~10s内完成; 4. 从开始装筒至提起坍落筒的全过程不应超过2.5min; 5. 记录、结果精确至5mm	90min	预备时间10min,写报告30min
	13	水泥混凝土试件制备	1. 正确选用和使用仪器; 2. 称好各种原料; 3. 搅拌(拌和); 4. 坍落度或工作度测定; 5. 装模、成型; 6. 养护	1. 各材料称量要准确; 2. 捣固时应按规定的方法进行; 3. 拌和应按规定的方法进行	90min	预备时间10min,写报告30min
	14	水泥混凝土抗压强度测定	1. 正确选用和使用仪器; 2. 检查试件尺寸及形状,量出棱边长度; 3. 抗压强度测定,记下破坏极限荷载; 4. 记录、计算	1. 量取试件尺寸精确至1mm; 2. 以成型时侧面为上下受压面; 3. 压力机加压速度为:<C30时,为0.3~0.5MPa/s;>C30、<C60时,0.5~0.8MPa/s;>C60时,0.8~1.0MPa/s; 4. 记录、试验数据处理要准确无误	30min	预备时间10min,写报告30min
Ⅲ沥青及沥青混合料	15	沥青针入度试验	1. 正确选用和使用仪器; 2. 试样制备; 3. 检查、调整针入度仪; 4. 针入度测定; 5. 记录、计算	1. 测定时,试样表面以上的水层深度不少于10mm; 2. 读取刻度盘指针指示的读数,精确至0.1mm; 3. 记录、试验数据处理要准确无误	1h	预备时间10min,写报告30min,不包含静置时间

续上表

项目分类	考核项目		任务要求	技术要求	时间要求	备注
	序号	项目名称				
Ⅲ沥青及沥青混合料	16	沥青延度试验	1. 正确选用和使用仪器； 2. 试样制备； 3. 检查延度仪； 4. 延度测定； 5. 记录、计算	1. 水面距试件表面应不小于25mm； 2. 当试验结果小于100cm时，重复性试验的允许差为平均值的20%，再现性试验的允许差为平均值的30%； 3. 每次平行试验不少于3个试件； 4. 记录、试验数据处理要准确无误	1h	预备时间10min，写报告30min，不包含静置时间
	17	沥青软化点试验	1. 正确选用和使用仪器； 2. 试样制备； 3. 软化点测定； 4. 记录、计算	1. 软化点在80℃以下者，读取温度精确至0.5℃，80℃以上者精确至1℃； 2. 同一试样平行试验两次最后结果精确至0.5℃； 3. 当试样软化点小于80℃时，重复性试验的允许差为1℃，复现性试验精度(环球法)的允许差为4℃；当试样软化点等于或大于80℃时，重复性试验的允许差为2℃，复现性试验的允许差为8℃； 4. 记录、试验数据处理要准确无误	1h	预备时间10min，写报告30min，不包含静置时间
	18	沥青混合料试件制备(击实法)	1. 正确选用和使用仪器； 2. 拌制沥青混合料； 3. 试件成型	1. 材料称量要准确； 2. 击实成型要符合马歇尔标准击实法要求； 3. 试件高度要符合63.5mm ± 1.3mm要求	2h	预备时间10min，写报告30min，提前烘料，配比已知
	19	沥青混合料马歇尔稳定度试验(不再制件)	1. 正确选用和使用仪器； 2. 测试件尺寸； 3. 测稳定度和流值等各项物理指标； 4. 记录、计算	1. 稳定度和流值及其他物理指标测定要符合规定要求； 2. 记录、试验数据处理要准确无误	50min	预备时间10min，写报告30min，不包含静置时间
Ⅳ石灰	20	石灰有效氧化钙含量测定	1. 正确选用和使用仪器； 2. 试剂的配制(可由试验员提前配制)； 3. 中和法测有效钙的含量； 4. 记录、计算	1. 称量精确至0.0005g； 2. 取样用四分法； 3. 氧化钙的含量用规定的方法测定； 4. 记录、数据处理准确无误	50min	预备时间10min，写报告30min
Ⅴ钢筋	21	钢筋拉伸试验	1. 取样、量尺寸； 2. 选用设备； 3. 按规定操作； 4. 记录、计算与判定	1. 会正确取样； 2. 正确选用设备； 3. 打标点； 4. 操作规范； 5. 计算与判断正确	1h	预备时间10min，写报告30min
	22	钢筋冷弯试验	1. 取样、量尺寸； 2. 选用设备； 3. 按规定操作； 4. 记录、计算与判定	1. 会正确取样； 2. 正确选用设备； 3. 打标点； 4. 操作规范； 5. 计算与判断正确	30min	预备时间10min，写报告30min

道路建筑材料实践技能考核评价标准　表 5-4

<table>
<tr><th>序号</th><th colspan="2">考核要素及权重</th><th>基本要求与考核标准</th><th>扣分参考标准</th></tr>
<tr><td>1</td><td colspan="2">试验目的回答提问,5%</td><td>回答正确,5 分</td><td>根据回答情况扣 0~3 分</td></tr>
<tr><td>2</td><td colspan="2">选用仪器,5%</td><td>选用正确,5 分</td><td>根据选用仪器情况扣 0~3 分</td></tr>
<tr><td>3</td><td colspan="2">试样制备,5%</td><td>试样制备规范、符合要求,5 分</td><td>根据试样制备情况扣 0~3 分</td></tr>
<tr><td rowspan="5">4</td><td rowspan="5">试验操作45%</td><td>操作步骤,10%</td><td>1. 称量准确,3 分
2. 操作步骤正确,4 分
3. 各程序衔接紧凑,3 分</td><td>根据操作过程,每出 1 个不当或错误扣 0.5~3 分</td></tr>
<tr><td>操作方法,15%</td><td>1. 正确使用仪器设备,7 分
2. 按规范要求进行操作,8 分</td><td>根据操作方法,每出 1 个不当或错误扣 0.5~3 分</td></tr>
<tr><td>读数,5%</td><td>读数方法正确、读取数据准确,5 分</td><td>根据读数方法和准确与否,扣 0~3 分</td></tr>
<tr><td>测试结果,10%</td><td>试验数据误差在容许范围内、结果可信、可用于指导生产,10 分</td><td>根据试验数据误差情况扣 0~5 分;精度不符合者不得分</td></tr>
<tr><td>仪器设备清理,5%</td><td>整理工作台面,仪器设备清理有序,5 分</td><td>根据仪器设备清理情况扣 0~3 分</td></tr>
<tr><td rowspan="2">5</td><td rowspan="2">成果整理20%</td><td>记录填写,5%</td><td>填写方式正确,5 分</td><td>根据填写记录情况扣 0~2 分</td></tr>
<tr><td>报告编写,15%</td><td>1. 试验数据计算与分析正确,6 分
2. 根据试验结果、依据相关技术标准,做出技术判断,6 分
3. 报告书写清晰、规范、字迹工整,3 分</td><td>根据报告编写情况,每出 1 个不当或错误扣 0.5~3 分</td></tr>
<tr><td>6</td><td colspan="2">项目完成时间,15%</td><td>项目完成规定时间见表 5-3。按时完成,15 分</td><td>每超过时间 10% 扣 2 分直至扣 15 分</td></tr>
<tr><td>7</td><td colspan="2">安全文明,5%</td><td>安全文明操作,5 分</td><td>有不安全或不文明言行扣 1~5 分</td></tr>
</table>

注:若试验方法选用不对,成绩不合格。

5.3 土工试验技术与工程地质识别实践技能考核评价标准

土工试验技术和工程地质识别是道路桥梁工程技术专业学生必须掌握的专业技能。按照工程地质与土力学课程教学标准的要求,学生通过本课程的学习,应具有正确操作、使用、维护常规试验仪器的能力;会用所学的知识和技能进行土工项目试验和工程地质识别;能规范地记录和计算试验结果,并能评定检测结果。为了考评上述课程教学目标中的技能操作水平,参考了全国部分省(区)交通行业《中、高级公路工程试验工应会考核标准》,在通过教学实践验证的基础上,研究制订了本技能考核评价标准。

一、土工试验技术与工程地质识别实践技能考核项目与考核标准

根据土工试验技术与工程地质识别实践技能的表现特点,结合专业课程教学的规律和教学组织形式,以实用性和可操作性为出发点,拟定了土工试验技术与工程地质识别的考核项

目。考核可采用抽签选项形式,具体考核可采用提问回答、操作过程、编写试验报告和项目完成时间要求等相结合的办法进行考核。土工试验技术与工程地质识别实践技能考核项目与要求参见表5-5,土工试验技术与工程地质识别实践技能考核评价标准见表5-6。

二、考核说明

1. 每位考生可在拟定的考核项目中,抽签选定必考项目三项;各院校可根据教学要求也可增选项目进行考核。各考核项目的平均分作为实践技能考核的最后成绩。

2. 在进行实践技能考核之前,要做好如下各项准备工作:

(1)以任课教师和试验员组成技能考核小组;

(2)每项试验数据必须准确且要教师及试验员事先试验确定;

(3)考核前试验员必须准备好配套仪器和有关材料,并校正仪器和做好安全预防措施。

3. 考核前考生应准备好铅笔、钢笔或圆珠笔、计算器等必要的文具。考核项目抽签确定后,学生在预备考场准备10min后进入考场。要求考生在规定时间内独立完成试验项目,个别需要他人协助完成的项目,应提前在准备期安排好协助人员。

4. 考核过程中任何人不得提示,各人应独立完成仪器操作、记录、计算和成果整理等。若有作弊行为,一经发现一律按零分处理,不得参加补考。

5. 主考人有权随时检查是否符合操作规程及技术要求,但应相应折减所影响的时间,在考核结束后填写考核所用时间并签名。

6. 考核项目评分工作要在现场进行。

土工试验技术与工程地质识别实践技能考核项目及要求 表5-5

序号	考核项目		任务要求	技术要求	时间要求	备注
1	土粒密度的测定(比重瓶法)		完成土粒密度试验并计算出结果,填写试验报告	1. 操作步骤正确规范化; 2. 摄取制干土样的数量合格(比重瓶50mL的取土样约12g,100mL的取土样约15g); 3. 准确称量,感量应达到0.001g; 4. 砂浴煮沸,应使土粒充分分散; 5. 填表规范化,计算正确,平均差值不得大于0.02	2h	预备时间10min,写报告30min
2	土的含水率测定	(1)烘干法(黏、粉质土和有机土类) (2)酒精燃烧法(不含有机质细粒土)	完成土体含水率试验,计算结果,填写试验报告	1. 测试步骤应正确规范; 2. 充分烘干或烧干; 3. 取样恰当; 4. 填表符合要求,计算正确,允许平行差值应符合下表规定: 含水率(%) 允许平行差值(%) 5以上 0.3 40以下 ≤1 40以上 ≤2	80min	预备时间10min,写报告30min,烘干可提前进行
3	环刀法测定土的密度		用环刀法完成测定不同土体的密度,计算结果,填写试验报告	1. 正确选用各种试验仪器; 2. 操作程序规范; 3. 称量符合要求; 4. 环刀体积检验准确无误; 5. 二次测定差值不大于0.03g/cm^3; 6. 填表、计算正确	1h	预备时间10min,写报告30min

续上表

序号	考核项目	任务要求	技术要求	时间要求	备注
4	灌砂法测定土的密度	用灌砂法测定完成不同土体的密度，计算出结果，填写试验报告	1. 正确使用灌砂筒、基板及标定罐； 2. 操作过程规范，称量准确至1g； 3. 掌握确定量砂的密度（g/cm^3）与体积之间的关系； 4. 填表符合要求，计算正确	2h	预备时间10min，写报告30min
5	界限含水率试验液塑限联合测定法	完成测定细粒土的界限含水率 w_l、w_p，计算出结果，填写试验报告	1. 测试步骤应规范； 2. 土样制备符合要求； 3. 所求含水率的差值应小于2%； 4. 填表、作图、计算准确无误； 5. 在"h—w"图上，查得该土样的 w_l，从 w_l—h_p 图中查出 h_p 后，再在 h—w 图中求出 h_p 所对应的 w_p； 6. 写出测试结果：w_L、w_p、I_p	3h	预备时间10min，写报告60min
6	土的击实试验（重型法）	完成土的击实试验，测定最佳含水率和最大干密度，计算出结果，填写试验报告	1. 明确制备土样分成五个不同含水率试件的过程及目的； 2. 各个试件分别每层击实时操作步骤规范； 3. 精确每个试件的含水率、湿密度，称量准确至1g，并计算出其干密度； 4. 绘制 P_d—w 的关系曲线图，并从图中求出最大干密度和最佳含水率值； 5. 填表、计算、绘图准确无误	3.5h	预备时间10min，写报告60min
7	土颗粒分析试验（筛分法）	完成土的筛分试验，评定土的级配情况，计算出结果，填写试验报告	1. 从风干、松散的土样中用四分法按规定取出具有代表性的试件； 2. 精确称取试件质量； 3. 筛后各级筛上和筛底土总质量的累积百分数，在对半数坐标纸上绘制颗粒大小级配曲线，并求出不均匀系数：$C_u = d_{60}/d_{10}$； 4. 筛后各级筛上和筛底土总质量与筛前试样质量之差，不应大于1%	80min	预备时间10min，写报告30min
8	土的直剪试验（快剪）	完成土的直剪试验，计算出结果，填写试验报告	1. 正确取样； 2. 按规定程序操作； 3. 测力环读数精确至0.01mm； 4. 计算指标，并进行抗剪强度与垂直压力关系曲线绘图，并确定出指标	80min	预备时间10min，写报告30min
9	承载比（CBR）（室内）试验	完成承载比（CBR）（室内）试验，计算出结果，填写试验报告	1. 做贯入试验，加荷使贯入杆以1～1.25mm/min的速度压入试件，记录不同的贯入量及相应的荷载，总贯入量应超过7mm； 2. 绘制单位压力 p 与贯入量 L 间的关系曲线，必要时进行原点修正； 3. 确定CBR值	1h	预备时间10min，写报告30min
10	常见岩浆岩的识别	完成5种岩浆岩标本的鉴定，填写识别鉴定报告	1. 根据岩石颜色鉴定； 2. 根据岩石结构与构造鉴定； 3. 根据岩石的矿物成分鉴定	45min	预备时间10min，写报告30min
11	阅读地质图	通过阅读地质图，完成在地质图中表现的各种产状岩层、褶皱、断层的特征描述	1. 不同产状的岩层在地质图上的表现：水平岩层、直立岩层、倾斜岩层； 2. 岩层接触关系：整合接触、平行不整合接触、角度不整合； 3. 褶皱特征； 4. 断层特征：判别出是正断层、逆断层还是平移断层	45min	预备时间10min，写报告30min

土工试验技术与工程地质识别实践技能考核评价标准 表5-6

<table>
<tr><th>序号</th><th colspan="2">考核要素及权重</th><th>基本要求与考核标准</th><th>扣分参考标准</th></tr>
<tr><td>1</td><td colspan="2">试验目的回答提问,5%</td><td>回答正确,5分</td><td>根据回答情况扣0~3分</td></tr>
<tr><td>2</td><td colspan="2">选用仪器,5%</td><td>选用正确,5分</td><td>根据选用仪器情况扣0~3分</td></tr>
<tr><td>3</td><td colspan="2">试样制备,5%</td><td>试样制备规范、符合要求,5分</td><td>根据试样制备情况扣0~3分</td></tr>
<tr><td rowspan="5">4</td><td rowspan="5">试验操作45%</td><td>操作步骤,10%</td><td>1. 称量准确,3分
2. 操作步骤正确,4分
3. 各程序衔接紧凑,3分</td><td>根据操作过程,每出1个不当或错误扣0.5~3分</td></tr>
<tr><td>操作方法,15%</td><td>1. 正确使用仪器设备,7分
2. 按规范要求进行操作,8分</td><td>根据操作方法,每出1个不当或错误扣0.5~3分</td></tr>
<tr><td>读数,5%</td><td>读数方法正确、读取数据准确,5分</td><td>根据读数方法和准确与否,扣0~3分</td></tr>
<tr><td>测试结果,10%</td><td>试验数据误差在容许范围内、结果可信、可用于指导生产,10分</td><td>根据试验数据误差情况扣0~5分;精度不符合者不得分</td></tr>
<tr><td>仪器设备清理,5%</td><td>整理工作台面,仪器设备清理有序,5分</td><td>根据仪器设备清理情况扣0~3分</td></tr>
<tr><td rowspan="2">5</td><td rowspan="2">成果整理20%</td><td>记录填写,5%</td><td>填写方式正确,5分</td><td>根据填写记录情况扣0~2分</td></tr>
<tr><td>报告编写,15%</td><td>1. 试验数据计算与分析正确,6分
2. 根据试验结果、依据相关技术标准,做出技术判断,6分
3. 报告书写清晰、规范、字迹工整,3分</td><td>根据报告编写情况,每出1个不当或错误扣0.5~3分</td></tr>
<tr><td>6</td><td colspan="2">项目完成时间,15%</td><td>项目完成规定时间见表5-5。按时完成,15分</td><td>每超过时间10%扣2分,直至扣15分</td></tr>
<tr><td>7</td><td colspan="2">安全文明,5%</td><td>安全文明操作,5分</td><td>有不安全或不文明言行扣1~5分</td></tr>
</table>

注:试验方法选用不对,成绩不合格。

5.4 工程绘图技术(CAD)技能考核评价标准

一、考核目的

CAD绘图是当今社会高技能应用型人才不可缺少的基本技能。学生应掌握CAD绘图的基本概念、基本绘图方法、基本图形编辑和简单的图形处理技能;同时应完成实践性环节的考核,较好地掌握熟练利用绘图工具进行图形绘制和编辑的基本技能,以适应未来工作岗位和继续提高的需求。考核的目的是:使学生通过实践性环节考核,较好地掌握CAD绘图的实际操作技能,提升学生应用计算机绘制专业工程图纸的能力,体现学生识读专业图纸和运用CAD绘制工程结构设计图的速度、精度、图幅设置和整体布局的实际应用能力。

本标准在教学实践验证的基础上,根据道路桥梁工程技术专业标准和课程教学标准中对

CAD 绘图技能目标的要求研究制订。其考核评分表如表 5-7 所示。

二、考核内容及要求

1. 考核内容

利用 Auto CAD 完成工程结构的三视图。

(1)基本绘图命令和编辑命令的应用；

(2)选择合适比例；

(3)图幅设置，绘制图形，尺寸标注。

2. 考核要求

考核软件环境是 Auto CAD 2004(或以上版本)。要求考生在规定的时间内按照所提供的图纸独立完成图幅的选择、图层线型的设置、图形的布局、图形绘制和文本尺寸标注等内容；也可从给出的两幅参考图：(附件一　轻型桥台三视图和附件二　U 形桥台三视图)中任选一幅完成，图形绘在 A3 图幅上，标题栏应注明校名、图名、班级、姓名和学号。

三、有关说明

1. 设施要求：(1)计算机；(2)Auto CAD 绘图软件；

2. 操作时间：120min；

3. 学生独立完成图形绘制任务，其他同学不得参与指点；

4. 成绩评定：成绩按百分制评定。

四、考核评价标准

Auto CAD 绘图技能考核评分表　　表 5-7

班级：________ 姓名：________ 时间：________

考核项目	序号	内　容	标准(分)	得分
操作分(70 分)	1	图幅设置	20	
	2	线条线型准确度	20	
	3	文本、尺寸标注	20	
	4	图形布局	10	
时间分(30 分)	1	0 ~ 75min	30	
	2	76 ~ 90min	25	
	3	91 ~ 105min	20	
	4	106 ~ 120min	15	
	5	>120min	0	
总　分				

主考人：________　　考试日期：______年_____月_____日

附件一

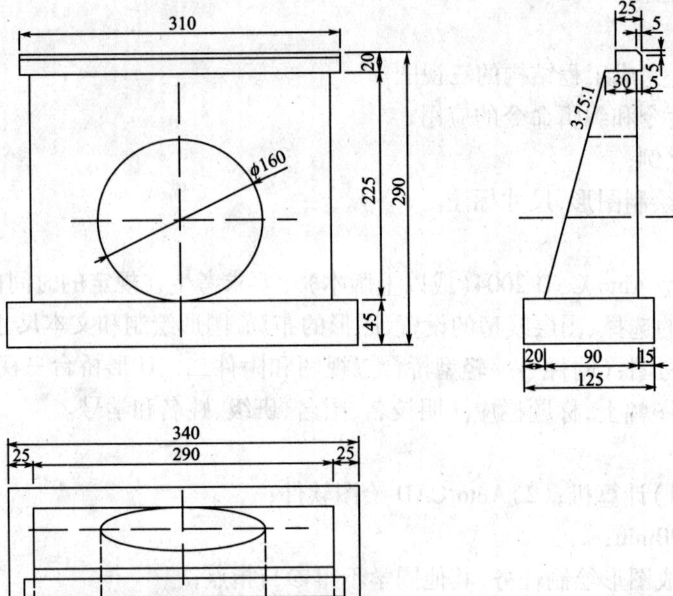

轻型桥台三视图(尺寸单位：cm)

附件二

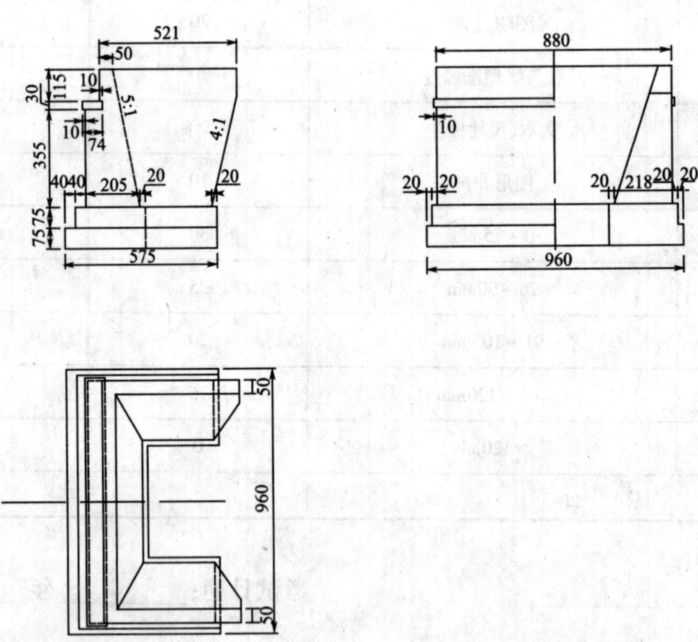

U形桥台三视图(尺寸单位：cm)

5.5 专业软件应用技能考核评价标准

一、考核目的

专业软件操作是高职院校学生在校期间必须掌握的一项专业基本技能。通过专业课程的学习，学生在掌握公路、桥涵、隧道等工程勘测、施工及组织管理等专业理论知识和CAD基本绘图技能的基础上，还必须掌握相关的专业软件操作技能，以适应未来工作岗位和进一步可持续发展的要求。考核的目的是：使学生能通过操作工程设计计算软件，解决专业上的相关设计、计算问题，掌握道路、桥涵等辅助设计的原理和方法，并具备一定的软件二次开发的入门知识，以及在设计、施工、研究等部门操作专业应用软件的能力。

本标准在教学实践验证的基础上，根据道路桥梁工程技术专业标准和课程教学标准中对专业软件应用技能目标的要求研究制定。其考核评分表如表5-8所示。

二、考核内容

根据所提供的设计参数以及平面、纵断面、横断面的原始数据资料，操作辅助设计软件，进行道路的平面设计、纵断面设计、横断面设计等。

三、考核评价标准

专业软件应用技能考核评分表 表5-8

班级：____________姓名：____________学号：____________

考核项目	序号	内容	标准(分)	得分
平面设计（30分）	1	项目文件建立	5	
	2	平面线形设计与调整	15	
	3	直曲表、逐桩坐标表生成	10	
纵断面设计（30分）	1	纵断面数据输入及参数文件修改	5	
	2	纵断面拉坡、竖曲线设计调整	10	
	3	纵断面绘图、输出竖曲线表	10	
	4	路基设计计算及表格输出	5	
横断面设计（30分）	1	横断面数据输入	5	
	2	横断面设计绘图及调整	15	
	3	土方数量计算及表格输出	10	
成果资料汇总（10分）	1	图表文字内容完善，项目数据文件打包	10	
总分			100	

说明：

1. 考核地点：多媒体实训室；
2. 操作时间：120min；
3. 技能考核要求：学生独立完成整个操作过程，其他同学不得参与指点；
4. 成绩评定：按百分制评定。

主考人：____________ 考试日期：______年____月____日

附录　考核题库参考答案

4.1　科目一：工程测量考核题库参考答案

一、单项选择题

1. A　2. A　3. B　4. C　5. B　6. C　7. C　8. B　9. B　10. C
11. B　12. A　13. C　14. C　15. B　16. B　17. A　18. A　19. A　20. A
21. B　22. C　23. A　24. A　25. B　26. A　27. C　28. C　29. C　30. C
31. A　32. D　33. C　34. D　35. C　36. A　37. B　38. A　39. A　40. B
41. A　42. B　43. A　44. C　45. C　46. C　47. B　48. B　49. D

二、填空题

1. 高级到低级、整体到局部、控制到碎部
2. 56°40′、N56°40′E
3. 中误差、容许误差、相对误差
4. 地形加桩、地物加桩、曲线加桩、地质加桩
5. 导线控制网、三角控制网
6. 选点、水平角观测、距离丈量
7. 照准部、基座、水平度盘
8. 外界干扰、仪器误差、观测误差
9. H_a+a、H_a+a-b
10. 前方交会、后方交会
11. 曲线长、切线长、外距、曲切差
12. 测图、用图、放图
13. 水平度盘水平、照准部旋转中心、对中点的铅垂线
14. 圆水准器检验与校正、十字丝检验与校正、长水准管轴(或视准轴)检验与校正
15. ±10″
16. 3.628
17. 0m、100m
18. 系统误差、偶然误差
19. 确定点的坐标、直线长度、直线方位角、点高程、汇水面积、路线纵断面图、匀坡线、路线横断面
20. 360°、90°
21. 尺长改正、高差改正、温度改正
22. −0.02m

23. 2C误差、指标差、视准轴误差

24. 下到上、左到右

25. 中线恢复放样、控制测量、边坡放样

26. 1、3、5

27. 施工放样

28. 设计点的坐标、高程、角度、距离和高差

29. 正倒镜分中法

30. 垂直改正法

31. 直角坐标法、极坐标法、角度交会法、距离交会法、方向交会法

32. 平行线法、延长线法

33. 距离

34. 竖曲线、凸形竖曲线、凹形竖曲线

35. 墩台定位测量、墩台基础、顶部测设、跨径、河道、桥涵结构

36. 轴线位置、涵洞轴线、路线中线

37. 衬砌部分、洞内建筑物

38. 贯通误差

39. 纵向误差Δt、横向误差Δu、高程误差Δh

40. 中线法、导线法、三角测量法

41. 进出口、竖井口、斜井口和坑道口

42. 镜上对中

43. 300 ~ 500m

44. 钢尺法、钢丝法、光电测距仪法

45. 抬杆法、吊鱼法、仪器测定法

46. 中平测量、基平测量

47. 高程 、1:200、里程、1:2000

48. 方向 、水平距离(l)、高差(h)

49. 设计线、地面线

50. 1 ~ 2km

51. 沟内沟外分开测法、接尺法

52. 2K + 153.39

53. ZY 或 YZ、切线方向、垂直于切线方向

54. 安装电池、架设仪器、开机、水平度盘和竖直度盘指标设置、设置仪器参数

55. 固定误差、比例误差

56. 单棱镜、三棱镜、多棱镜

57. 曲线主点桩、曲线加桩、坐标放样法

三、简答题

1. 答:公路中线施工放样的主要任务有:复测、加密水准点;恢复公路中线的位置;测设施工控制桩;路基边坡桩和路面施工的放样;公路桥涵放样和隧道放样等相关任务。

2. 答:为做到放样尽可能地准确,施工测量的基本原则是:放样时应遵循测量工作中的"先控制后碎部、步步有校核"的基本原则。

3. 答:测设三个基本要素(即角度、距离、高程)以确定点的空间位置,就是施工放样的基本工作。

4. 答:路基边桩测设就是在地面上将每一个横断面的路基边坡线与地面的交点用木桩标定出来。边桩的位置由两侧边桩至中桩的距离来确定,常用的边桩测设方法如下:

(1)图解法。即直接在横断面图上量取中桩至边桩的距离,然后在实地用皮尺沿横断面方向测定其位置。当填挖方不很大时,采用此法简便。

(2)解析法。即路基边桩至中桩的平距系通过计算求得。

5. 答:主要内容有:沿线地质与土质资料描述;路线里程桩号;纵坡及坡长;道路各断面设计高程,道路中桩处地面高程;直线与平曲线示意(需包括各交点的曲线要素);有时需提供道路各交点的超高情况。

6. 答:

(1)按路线前进方向,后导线的延长线与前导线所夹的水平角称为转角。

(2)在导线上或导线的延长线上设置传递方向的点称为转点。

(3)两个中桩之间的中线里程长度称为桩距。

(4)里程桩是表示中线上的桩点的相对位置,某里程桩的里程表示该桩至公路起点的中线距离。

(5)地物加桩是中线经过原地面建筑物和自然地物时,应设置的中线里程桩。

7. 答:如附图1所示,安置经纬仪于 B 点,对中、整平;盘左瞄准后视 A 点,纵转望远镜在 AB 前方得到一点 C_1;盘右瞄准后视 A 点,纵转望远镜在 AB 前方得到一点 C_2,取 C_1C_2 中点 C,即是 AB 延长线上的点。

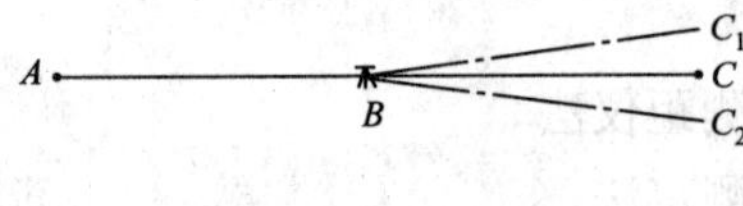

附图 1

8. 答:等高线即是指在实地上高程相等的各点连线,它主要包括以下几方面特性:

(1)等高性——同一等高线上的各点,其高程必相等;

(2)闭合性——每条等高线必为闭合曲线,如不在本幅图内闭合,则在相邻的图幅内闭合;

(3)相交性——不同的等高线不能相交,当等高线重叠时,表示陡坎或绝壁,相交时表示悬崖;

(4)正交性——山脊线与山谷线与等高线垂直相交;

(5)密陡疏缓性——在同一幅图上,平距小表示坡陡,平距大表示坡度缓;

(6)对称性——等高线跨河时,须绕经上游到达对岸,再从下游河岸走出。

9. 答:坡度是高差与水平距离之比值,既 $i=\frac{h}{D}\times100\%$。地图上两点之间的坡度,可以先计算出两点的高程,相减得到它们的高差 h,而后用直尺在图上量出两点的长度乘以地形图比例尺的分母,得到两点在地面上的实际水平距离 D,则可计算它们的坡度。

10. 答:当测区范围不大,不考虑地球曲率的影响,按一定比例尺来表示地物、地貌的平面位置及高程的正射投影图,这种图称为地形图;图上某一线段的长度与地面上相应线段的水平距离之比称为比例尺。

11. 答:等高线就是地面上高程相等的相邻点所连成的闭合曲线:等高距即是两相邻等高

线的高差;等高线主要有:①首曲线;②间曲线;③助曲线;④计曲线。

12. **答**:一般测图方法主要有:①大平板仪测图法;②经纬仪测图法;③测记法;④横断面测图法。

在计算机高速发展的今天,利用全站仪配合电子测图软件进行测图或 GPS 定位系统的应用,其测图技术也在不断更新。

13. **答**:导线坐标计算主要包括:角度闭合差的计算与调整;方位角推算;坐标增量计算;坐标增量闭合差的计算与调整及各点坐标值计算等五个方面。

14. **答**:导线测量的外业工作主要有:①控制点选定,并埋置控制点桩;②控制网的水平角观测;③控制网各导线边水平距离丈量;④控制点的保护桩设置并记录。

15. **答**:小区域控制的导线布置形式有闭合导线、附合导线、支导线三种。

16. **答**:双面尺四等水准测量的测量步骤如下:

(1)在地面上选三个点 A、O、B,AB 的中点 O 架设水准仪,在 A、B 点上各立水准尺;

(2)用水准仪后视 A 点水准尺黑面并按顺序读取下、上、中三丝读数;

(3)前视 B 点水准尺黑面下、上、中三丝读数;

(4)再前视 B 点红面水准尺读中丝读数;

(5)最后后视 A 点水准尺红面读中丝读数,至此完成一个测站的观测程序。

17. **答**:为敷设经纬仪导线,在选点时应考虑以下五个问题:

(1)导线点应选在地势较高,视野开阔的地点,以便于施测周围地形;

(2)导线点应选在土质坚实处,便于保存标志和安置仪器;

(3)相邻两导线点间要通视良好,地面平坦,便于测角和量距;

(4)导线点应有足够的密度面且分布要均匀。导线边长要大致相等,相邻边长不应悬殊过大;

(5)在公路测量中,导线应尽可能接近线路位置。

18. **答**:全站仪的主要用途主要包括:角度(水平角、垂直角)测量;距离(斜距、平距、高差)测量;坐标测量;放样测量;数模电子图测量等方面。

其他还有相关点距离测量;悬高悬宽测量;点线偏距测量;竖面测量;面积测量。

19. **答**:全站仪工程在使用时必须以下几点:

①开工前应检查相关部件是否完好;②防止阳光直射;③搬站时应将仪器卸下,装箱后背着走;④仪器任何部分发生故障,不勉强使用;⑤光学元件应保持清洁;⑥不得在有较强的磁场强度范围内使用;⑦注意防潮;⑧注意轻拿轻放、放正、不挤不压。

20. **答**:对中、整平的操作如下:

(1)粗对中 ——固定三脚架一条腿,移动两条腿使对中点位于对点器大致居中位置;

(2)精对中 ——调脚螺旋对中点准确位于对点器中心;

(3)粗平 ——升降三脚架使圆水准器气泡居中;

(4)精平 ——调脚螺旋。首先,水准管平行两个脚螺旋方向,调该两个脚螺旋,使水准管气泡居中,旋转 90°使水准管垂直该两个脚螺旋方向,调第三个脚螺旋,使水准管气泡居中;

(5)检查对中点是否有偏离;

(6)反复进行上述操作,直到对中和整平都满足要求。

21. **答**:测量过程中产生误差的原因主要有:①外界环境影响,如光线折射、过程车辆或行人、振动、气温等;②仪器本身制作的影响,如尺长误差、指标差等;③人为观测的影响。

22. **答**:圆曲线上横断面方向可采用方向架测定。如附图 2 所示,①对于 ZY(或 YZ 点):把方向架立于 ZY 点(YZ 点)上,方向架的一个方向 *ab* 瞄准 JD 点,方向架的另一个方向 *cd* 即为 ZY 点(YZ 点)的横断面方向。②对于 QZ 点:方向架立于 QZ 点上,方向架的一个方向 *ab* 瞄准 JD 点,*ab* 方向为 QZ 点的横断面方向。③圆曲线上其余点:安置十字架于 P_1 点上,用 *ab* 方向瞄准 P_2 点,转动定向杆 *ef*,使 *ef* 瞄准 P_3 点,拧紧定向杆的固定螺旋。移动十字架,安置十字架于 P_2 点上,使定向杆 *ef* 瞄准 P_3, 则 *cd* 方向为 P_2 点的指向圆心的方向(横断面方向)。

23. **答**:所谓坐标正算,就是根据已知点坐标和待算点到已知点的方位角和水平距离来计算未知点坐标的过程,其计算公式如下:

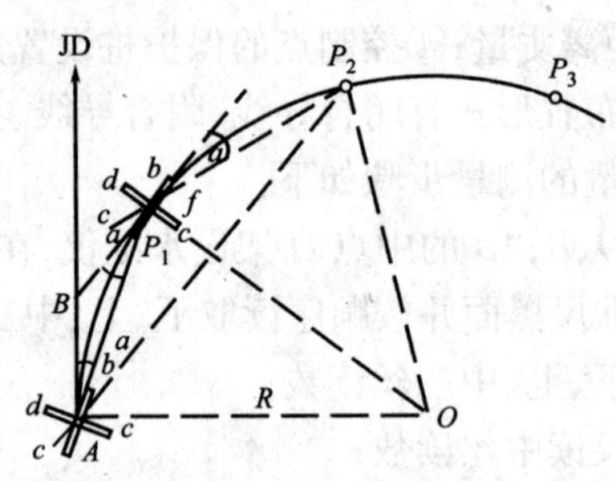

附图 2

$$X = X_0 + D \times \cos\alpha$$

$$Y = Y_0 + D \times \sin\alpha$$

式中:X,Y——计算点坐标,m;

D——两点之间的水平距离,m;

α——方位角。

而坐标反算,即由已知的两点坐标,来计算两点的方位角或两点之间的水平距离。

24. **答**:GPS 的主要特点有以下几方面:①全天候、高效率、多功能、操作简便、应用广泛等;②定位精度高;③观测时间短,一般情况下每站观测只需几秒钟。

25. **答**:从下列推导可看出算术平均值最接近真值:

$$\Delta_i = l_i - X(l_i \text{ 表示被观测值}, X \text{ 表示真值})$$

$$[\Delta_i] = [l_i] - nX$$

$$\frac{[\Delta_i]}{n} = \frac{[l_i]}{n} - X$$

上式右边第一项为算术平均值 l_0,即 $l_0 = \frac{[\Delta_i]}{n} + X$

根据偶然误差特性,上式$\frac{[\Delta_i]}{n}$等于 0,则上式算术平均值 l_0 趋于(等于)真值 X。

26. **答**:在公路中线测量中,测角组工作内容主要有:①用全站仪或经纬仪观测每个交点的水平角并记录;②初步拟定圆曲线半径及缓和曲线长度;③定出 QZ 点的角平分线方向;④合理设置交点的保护桩并记录;⑤计算曲线要素,计算交点里程桩号并第一个主点的里程桩;⑥在实地上确定出平曲线主点的实地位置。

27. **答**:注意的事项有:①确保仪器计数准确;②正确安置经纬仪,使对中、整平符合测量规程的相关要求;③读数时力求快速准确,并计数过程中要预防仪器未被外界干扰;④读数完后及时记录并同是检查计数的正确性;⑤记录清楚规范;⑥注意观测的程序和方向。

28. **答**:系统误差即指在相同的测量条件下的测量值序列中数值、符号保持不变或按某确定规律变化的测量误差。

偶然误差即指在观测过程所产生的值在大小、方向等方面没有明确的规律一系列误差。

29. **答**:如附图 3 所示,*O*-ZY-JD 为直角三角形,则根据三角函数可知:

切线长由该直角三角形的正切求得,即:

$$T = R\tan\left(\frac{\alpha}{2}\right)$$

曲线长 L 为圆弧所对圆心角所半径的乘积,即:

$$L = \alpha R \times \frac{\pi}{180}$$

同理:

$$R = (R + E)\cos\left(\frac{\alpha}{2}\right)$$

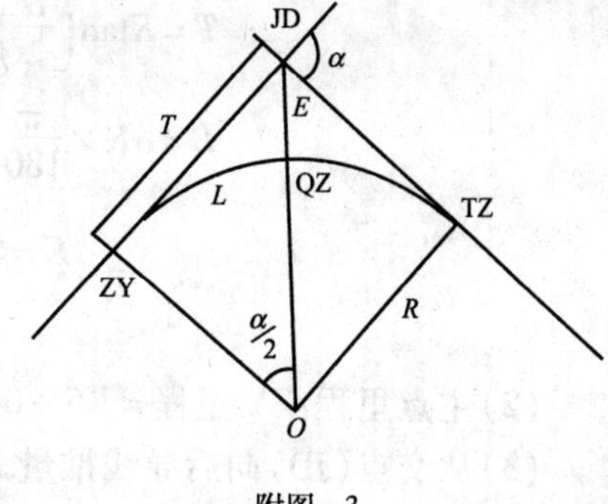

附图 3

整理得:

$$E = R\left(\sec\frac{\alpha}{2} - 1\right)$$

30. **答**:误差三角形即指在坐标闭合差计算时,由纵向坐标增量计算时的坐标闭合差(Δx)与横向坐标增量计算时的坐标闭合差(Δy),其矢方向为互相垂直所构成的三角形。

中平误差即指中平测量中相邻水准点之间所设转点的测量误差与中平测量时两相邻水准点之间的计算高差之差值。

竖盘指标差即指光学经纬仪当望远镜水平时,其竖直度盘的指针在理论上应指向"0"刻划,实际中其指针会有偏离,从而造成紧直度盘读数产生误差。

四、计算题

1. **解**:调整表中附合水准路线等外水准测量观测成果,并求出各点高程。

点号	测站数 n	观测高差(m)	改正数(mm)	改正后高差(m)	高程(m)
A					65.376
	8	+1.575	−11	+1.564	
1					66.940
	12	+2.036	−16	+2.020	
2					68.960
	14	−1.742	−19	−1.761	
3					67.199
	16	+1.446	−22	+1.424	
B					68.623
	50	3.315	−68	+3.247	
Σ					
辅助计算	$f_h = +68\text{mm}$ $f_{h容} = \pm 12\sqrt{n} = \pm 12\sqrt{50} = \pm 85\text{mm}$				

2. **解**:推算 AB 的方位角:$R_{AB} = \arctan\dfrac{Y_B - Y_A}{X_B - X_A} = \arctan\dfrac{126.702 - 102}{185.165 - 189} = \text{SE}81°10'31''$

所以:$\alpha_{AB} = 98°49'29''$

同理:$R_{AP} = \arctan\dfrac{Y_P - Y_A}{X_P - X_A} = \arctan\dfrac{124 - 102}{200 - 189} = \text{NE}63°26'06''$

所以:$\alpha_{AP} = 63°26'06''$

则:AP 与 AB 之间的水平角:$\beta=\alpha_{AB}-\alpha_{AP}=35°23'23''$

3. **解**:根据题意:

(1)该交点偏角为:

$$\alpha=180°-136°24'=43°36'$$

$$T=R\tan\left(\frac{\alpha}{2}\right)=300\times\tan\left(\frac{43°36'}{2}\right)=119.99(\text{m})$$

$$L=\alpha R\times\frac{\pi}{180}=43°36'\times300\times\frac{\pi}{180}=228.29(\text{m})$$

$$E=R\left(\sec\frac{\alpha}{2}-1\right)=23.11(\text{m})$$

$$D=2T-L=11.69$$

(2)主点里程:ZY 里程 = K5 +000, YZ 里程 = K5 +228.29,QZ 里程 = K5 + 114.14。

(3)从交点(JD)向后导线推量 119.99m 得 ZY 点,从交点(JD)向前导线丈量 119.99m 得 YZ 点,从交点(JD)向分角线方向丈量 23.11m 得 QZ 点。

4. **解**:根据题意:

∵ $$C=180°-A-B$$

∴ $$m_c=\pm\sqrt{m_A^2+m_B^2}=\pm\sqrt{3^2+4^2}=\pm5''$$

5. **解**:(1)根据题意,本次钢尺丈量的相对精度为:

$$K=\frac{|\Delta D_{AB}|}{D_{AB}}=\frac{|217.30-217.38|}{\frac{1}{2}(217.30+217.38)}=1/2716<1/2000$$

精度符合要求。

(2)往返丈量最大允许的差值为:

$$\Delta_{max}=\pm D_{AB}\times K=\pm100\times1/2000=\pm5\text{cm}$$

6. **解**:(1)高差闭合差为:

$$f_h=h_{往}+h_{返}=-28.465+28.451=-0.014(\text{m})$$

(2)1 号点的高程 H_1 为:

$$H_1=H_A+\bar{h}$$

即:

$$H_1=50.000+\frac{1}{2}(-28.465-28.451)=28.542(\text{m})$$

7. **解**:(1)根据题意:

$$h_{AB}^1=1.674-1.120=0.554\neq h_{AB}=0.567$$

所以,LC 与 CC 轴不平行。

(2)根据计算,正确的前视读数应为:

$$b=1.674-0.567=1.107<1.120$$

所以,视线是下倾的。

(3)根据(2)的计算结果,调节十字丝分划板的上下校正螺旋,使中丝读数的正确值为 1.107;然后重新检验与校正,直至满足要求为止(要求两次数差应小于 ±5mm)。

8. **解**:根据题意,高差闭合差为:

$$f_h=\sum a-\sum b-(H_6-H_5)=-0.014(\text{m})$$

因为：$f_{h容} = \pm 40\sqrt{L} = \pm 0.023$（符合）

其各中桩高程的计算结果如下表：

立尺点	水准尺读数(m)			视线高(m)	高程(m)
	后视	中视	前视		
BM_5	1.347			59.669	58.322
K4 +000		1.33			58.339
50		1.35			58.319
100		1.71			57.959
150		2.56			57.109
ZD_3	1.558		1.619	59.608	58.05
200		1.49			58.118
250		1.87			57.738
300		1.63			57.978
350		0.66			58.948
BM_6			1.69		57.932

9. **解**：根据题意，因为本经纬仪竖直度盘为全盘顺时针刻划，则其计算公式如下。

指标差可按下式计算：

$$x = \frac{1}{2}(L + R - 360)$$

式中：x——竖直度盘指标差，°′″；

L——盘左读数，°′″；

R——盘右读数，°′″。

竖直角可按下式计算：

$$\alpha = \frac{1}{2}(R - L - 180) + \tan^{-1}\left(\frac{i-l}{D}\right)$$

式中：i——仪器高，m；

l——目标高，m；

D——水平距离，m；

式中其他符号意义同上式。

其计算结果见下表。

目标	水平距离(m)	目标高(m)	竖盘读数		指标差(″)	竖直角(°′″)	备注
			盘左(°′″)	盘右(°′″)			
1	120	2.00	79 31 06	280 29 18	12	10 13 51	
2	85	2.50	102 51 42	257 08 00	−9	−13 33 30	

10. **解**：根据题意可知，矩形 $ABCD$ 的面积为：

$$S = AB \times BC = 33.42 \times 40.38 = 1349.500(\text{m}^2)$$

则其面积的中误差为：

$$m_S = \sqrt{\left(\frac{\partial_{AB}}{\partial_S}m_{AB}\right)^2 + \left(\frac{\partial_{BC}}{\partial_S}m_{BC}\right)^2}$$

$$\sqrt{(33.42 \times 0.03)^2 + (40.38 \times 0.02)^2}$$

$$= \pm 1.287(m^2)$$

所以,矩形 *ABCD* 的面积可表示为:

$$S = 1349.500 \pm 1.287(m^2)$$

11. **解**:根据题意,水平角计算结果如下表:

测站	盘位	目标	水平度盘读数(° ′ ″)	水平角 半测回(° ′ ″)	水平角 一测回(° ′ ″)	备注
O	盘左	*A*	0 01 24	60 49 06	60 49 03	
		B	60 50 30			
	盘右	*B*	240 50 30	60 49 00		
		A	180 01 30			

12. **解**:根据题意可知,首先完成水平角与竖直角的计算成果,如下表:

水平角观测记录表

测站	盘位	目标	水平度盘读数(° ′ ″)	水平角 半测回(° ′ ″)	水平角 一测回(° ′ ″)	备注
O	左	*A*	0 01 20	49 48 50	49 48 38	*A* *B* *O*
		B	49 50 10			
	右	*A*	180 01 50	49 48 25		
		B	229 50 15			

竖直角观测记录表

测站	目标	盘位	读数(° ′ ″)	指标差(″)	测角值(° ′ ″)
O	*A*	左	73 44 12	+12	16 16 00
		右	286 16 12		
	B	左	114 03 42	+18	-24 03 24
		右	245 56 54		

$$OA = Kn\cos^2\alpha = 100 \times (1.49 - 1.29) \times \cos^2 16°16'$$

$$= 18.430(m)$$

同理可求得: $OB = 21.68(m)$

则由三角形余弦定理可得:

$$AB = \sqrt{OA^2 + OB^2 - 2 \times OA \times OB\cos\beta}$$

$$= 17.146(m)$$

O 到 *A* 点的高差:

$$h_{OA} = \frac{1}{2}Kn\sin 2\alpha + i - l$$

$$=\frac{1}{2}\times 100\times 0.20\times \sin 32°32'+1.63-1.39$$
$$=5.618(\mathrm{m})$$

则 A 点高程为：

$$H_A=H_O+h_{OA}=22.875+5.618$$
$$=28.493(\mathrm{m})$$

同理可求得 B 点高程为：$H_B=12.327(\mathrm{m})$

13. **解**：根据附图 4 中标注计算如下：

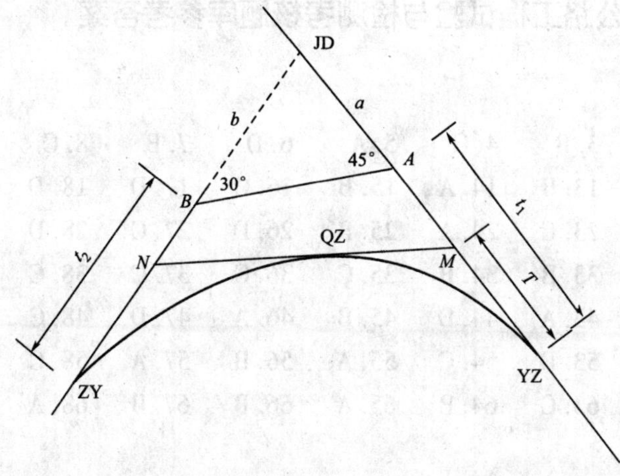

附图 4

$$a=\frac{\overline{AB}\sin 30°}{\sin 75°}=\frac{25\times 0.5}{0.965926}=12.94(\mathrm{m})$$

$$b=\frac{\overline{AB}\sin 45°}{\sin 75°}=\frac{25\times 0.707107}{0.965926}=18.30(\mathrm{m})$$

(1)曲线元素：

$$T=R\cdot \tan\frac{a}{2}=40\times \tan 37.5°=30.69(\mathrm{m})$$

$$L=\frac{\pi\cdot R\cdot a}{180°}=\frac{3.14159\times 40\times 75}{180}=52.36(\mathrm{m})$$

$$E=R\left(\frac{1}{\cos\frac{\alpha}{2}}-1\right)=40\times(1.26047-1)=10.42(\mathrm{m})$$

$$D=2T-L=9.02(\mathrm{m})$$
$$t_1=T-a=17.75(\mathrm{m})$$
$$t_2=T-b=12.39(\mathrm{m})$$

(2)主点里程：

ZY 里程 $=A$ 点里程 $-t_1=$ K2 + 364.70 − 17.75 = K2 + 346.95

YZ 里程 = ZY 里程 $+L=$ K2 + 346.95 + 52.36 = K2 + 399.31

QZ 里程 = YZ 里程 $-L/2=$ K2 + 399.31 − 26.18 = K2 + 373.13

(校核：ZY 里程 $=2T-D=$ K2 + 399.31 即 YZ 里程)

(3)主点的测设:

从 A 点沿后导线后退 $t_1=17.75\text{m}$,得 ZY 点;

从 B 点沿前导线前进 $t_2=12.39\text{m}$,得 YZ 点;

QZ 点测设:计算 $T'=R\tan\frac{\alpha}{4}40\times0.339454=13.58(\text{m})$

分别从 ZY 点向 A 方向丈量 13.58m 得 M 点,从 YZ 点向 B 方向量 13.58m 得 N 点,连接 MN 取其中点,即 QZ 点。

4.2 科目二:公路工程试验与检测考核题库参考答案

一、单项选择题

1. C	2. A	3. B	4. C	5. A	6. D	7. B	8. C	9. D	10. A
11. C	12. B	13. B	14. A	15. B	16. C	17. D	18. D	19. D	20. A
21. B	22. C	23. C	24. A	25. B	26. D	27. C	28. D	29. A	30. C
31. A	32. C	33. B	34. B	35. C	36. C	37. C	38. C	39. C	40. B
41. A	42. B	43. A	44. D	45. B	46. A	47. D	48. C	49. A	50. A
51. B	52. B	53. D	54. C	55. A	56. B	57. A	58. C	59. C	60. A
61. C	62. B	63. C	64. B	65. A	66. B	67. B	68. A	69. B	70. C

二、多项选择题

1. ABC	2. AD	3. AD	4. AB	5. ACD
6. ABCD	7. ABC	8. AC	9. BC	10. BCD
11. AC	12. AD	13. BC	14. BC	15. ABCD
16. ABCD	17. AB	18. BC	19. AD	20. AB
21. CD	22. ACD	23. ABCD	24. BCD	

三、判断题

1. √;2. ×(吸水率是含水率的不一特例);3. √;4. ×(集料含水率是指集料试样中水的质量占集料试样干质量的百分率);5. ×(集料的含水状态共分为干燥状态、风干状态、饱和面干状态和湿润状态);6. ×(集料级配与其表观密度无关联);7. ×(沸煮法主要检测水泥中是否含有过量的游离 CaO);8. ×(水泥包装标志中水泥品种、强度等级、生产者名称和出厂编号不全的属于不合格品);9. ×(检验结果不符合化学指标、凝结时间、安定性、强度中的任何一项技术要求为不合格品);10. √;11. √;12. ×(石灰是气硬性胶凝材料,所以由熟石灰配制的灰土和三合土可用于受潮的工程中);13. ×(测定水泥强度用的胶砂质量比为:水泥: ISO 标准砂 =1:3);14. ×(水泥混凝土在空气中养护要比在水中养护的强度要低);15. √;16. √;17. √;18. ×(砂浆的流动性是用稠度表示的);19. √;20. ×(石油沥青的黏滞性可以用针入度指标来表示,针入度值的单位是“0.1mm”);21. √;22. ×(马歇尔稳定度试验时的温度愈高,则稳定度愈小,流值也愈大);23. ×(当沥青混合料中沥青含量小于最佳沥青用量时,则沥青用量越高,沥青混合料的马歇尔稳定度越高);24. √;25. ×[对于测定针入度大于 200 (0.1mm) 的沥青试样,应做 3 次平行试验,至少用 3 支标准针,每次试验后将针留在试样中];26. √;27. ×[钢材的伸长率公式 $\delta=(L_1-L_0)/L_0$,式中:L_1 为试件拉断后的标距长度,L_0 为试件拉断原标距长度];28. ×(EDTA 滴定法快速测定石灰剂量试验中,钙红指示剂加入石灰土和氯化铵反应,溶液呈玫瑰红色);29. ×(击实试验的原理与压缩试验的原理不一样);30. √;31. ×(击实试验中,最后一层超出筒顶越高,试件有效层所受的击实功越小,也就越不密实);32. √;33. ×(做击实试验时,击实筒可以放在坚实地面上);34. √;35. ×(检验结果不符合化学指标、凝结时间、安定性、强度中的任何一项技术要求为不合格品);36. √;37. √;38. ×(不可以用高强度等级水泥配制低强度等级混凝土,否则会影响和易性与耐久性);39. √;40. ×(新拌水泥混凝土的坍落度砂率如超出合理砂率,则坍落度可能会因砂率增大而减小);41. √;42. √;43. ×(一般情况下,沥青针入度越大,其温度稳定性越差);44. ×(水泥混凝土的强度等级与标号只是叫法不同,表示了不同标准及要求);45. ×(水泥混凝土的终凝时间是指从水泥混凝土加水拌和开始到贯入阻力为28MPa时的一段时间);46. ×(水泥混凝土所用粗集料限制活性 SiO_2 的目的是为了集料碱活性反应);47. √;48. ×(沥青混凝土的空隙率及间隙率,主要由沥青混凝土的矿料级配及沥青用量决定);49. ×(碱性石料与沥青黏附性好,通常是用石料的 SiO_2 含量来判断石料的酸碱性);50. √。

四、简答题

1. 答:(1)测定粗集料(碎石、砾石、矿渣等)的颗粒组成。对水泥混凝土用粗集料可采用干筛法筛分,对沥青混合料及基层用粗集料必须采用水洗法试验。

(2)本方法也适用于同时含有粗集料、细集料、矿粉的集料混合料筛分试验,如未筛碎石、级配碎石、天然砂砾、级配砂砾、无机结合料稳定基层材料、沥青拌和楼的冷料混合料、热料仓材料、沥青混合料经溶剂抽提后的矿料等。

2. 答:

指标(情况)	坍落度增加	粗集料最大粒径变小	砂的细度模数增加	砂率降低
混凝土用水量	增加	减小	增加	减小

3. 答:

技术性质	黏滞性	塑性	感温性	安全性
指标或系数	针入度	延度	针入度指数	闪燃点

4. 答:

水泥品种	普通水泥	矿渣水泥	粉煤灰水泥	火山灰水泥
干缩性	一般	较大	较小	较大

5. 答:

强度	伸长率	与混凝土黏结力	一般用几根钢丝绞合而成	用于何种混凝土结构
高	低	差	7	预应力

6. 答:

技术性质	吸水性	吸湿性	抗冻性	磨耗性
指标或系数	吸水率	含水率	坚固性	磨耗损失

7. 答:

含碳量	可焊性	冷弯性能	韧性	屈服强度
增加	降低	降低	降低	提高

8. **答**:

硬化	早期强度	水化热	抗冻性	耐热性	抗渗性
慢	低	低	差	好	差

9. **答**:含水率的影响、击实功能的影响、土类及级配的影响、不同压实机械对压实的影响。

10. **答**:①最大粒径不得大于构件最小截面尺寸的1/4,同时不得大于钢筋净距的3/4。②对于混凝土实心板,最大粒径不宜超过板厚的1/3,且不得大于40mm。③对于泵送混凝土,当泵送高度在50m以下时,最大粒径与输送管内径之比,碎石不宜大于1:3;卵石不宜大于1:2.5。④对大体积混凝土(如混凝土坝或围堤)或疏筋混凝土,往往受到搅拌设备和运输、成型设备条件的限制。

11. **答**:三个参数:水灰比、砂率、单位用水量。

四个要求:满足新拌混凝土和易性的要求、满足强度的要求、满足耐久性的要求,在此基础上的经济上的要求。

12. **答**:空隙率、矿料间隙率、沥青饱和度、稳定度、流值

13. **答**:抗冻性、坚固性、单轴抗压强度、磨耗损失

14. **答**:水泥混凝土中,粗集料是指粒径大于4.75mm,细集料是指粒径小于4.75mm。沥青混合物中,一般情况是以2.36mm为粗细集料分界线,对于粗粒式沥青混凝土是以4.75mm为分界线的。

15. **答**:(1)对稳定度的影响:随着沥青用量的增加,马歇尔稳定度值增加,达到峰值后再增加沥青用量稳定度趋于下降。

(2)对流值的影响:随着沥青用量的增加,混合料的流值也增加,开始增加较平缓,当沥青用量增加到一定程度时,流值增加幅度加大。

(3)对空隙率的影响:随着沥青用量增加,由于被沥青填充的矿料间隙的减小,混合料的剩余空隙率也随之减小,这种减小开始幅度较大,最终趋于平缓。

(4)对饱和度的影响:随着沥青用量的增加,矿料间隙率的减小,沥青体积百分率的增加,混合料的饱和度也趋于增加,但到一定程度趋于平缓。

五、计算题

1. **解**:

筛孔尺寸 d_i(mm)	4.75	2.36	1.18	0.60	0.30	0.15	<0.15
存留量 m_i(g)	40.5	91.0	36.0	154.0	120.0	39.5	19.0
分计筛余百分率 a_i(%)	8.1	18.2	7.2	30.8	24	7.9	3.8
累计筛余百分率 A_i(%)	8.1	26.3	33.5	64.3	88.3	96.2	100
通过百分率 P_i(%)	91.9	73.7	66.5	35.7	11.7	3.8	0

细度模数为2.92,为中砂。

2. **答**(略)

3. **解**:

1. 确定混凝土配制强度 $f_{cu,o}$

按题意已知:设计要求混凝土强度为40MPa,标准差为6.0MPa。则混凝土配制强度为:

$$f_{cu,o}=f_{cu,k}+1.645\sigma=40+1.645\times6=49.9(\text{MPa})$$

2. 计算水灰比 w/c

(1)按强度要求计算水灰比。已知混凝土配制强度为 49.9MPa,水泥实际强度为48.8MPa。系数 $\alpha_a=0.46$、$\alpha_b=0.07$,则水灰比为:

$$\frac{w}{c}=\frac{\alpha_a f_{ce}}{f_{cu,o}+\alpha_a\alpha_b f_{ce}}=\frac{0.46\times48.8}{49.9+0.46\times0.07\times48.8}=0.44$$

(2)按耐久性枝核水灰比。根据混凝土所处环境属于寒冷地区,允许最大水灰比为 0.55,按强度计算的水灰比能满足耐久性要求,所以水灰比采用 0.44。

3. 选用单位用水量 m_{w0}

由题意已知,要求混凝土拌和物坍落度为 30 ~ 50mm,混凝土用水量为 185kg/m^3。

4. 计算单位水泥用量 m_{c0}

(1)按强度计算单位水泥用量。已知混凝土单位用水量为 185kg/m^3,水灰比为 0.44,混凝土单位水泥用量为:

$$m_{c0}=\frac{m_{w0}}{\frac{w}{c}}=\frac{185}{0.44}=420.5\text{kg/m}^3$$

(2)按耐久性校核单位水泥用量。根据混凝土所处环境属于寒冷地区,最小水泥用量不得小于 375kg/m^3。按强度计算单位水泥用量符合耐久性要求。采用单位水泥用量 420.5kg/m^3。

5. 选定砂率 β

按已知集料用碎石,最大粒径 31.5mm ,水灰比为 0.44,选取砂率为 0.317。

6. 计算砂石用量

采用质量法。已知单位水泥用量为 420.5kg/m^3,单位用水量为 185kg/m^3,混凝土拌和物湿表观密度为 2420kg/m^3,砂率为 0.317,得:

$$\begin{cases}m_{s0}+m_{g0}=\rho_{cp}-m_{c0}-m_{w0}=(2420-420.5-185)\text{kg/m}^3\\ \dfrac{m_{s0}}{m_{s0}+m_{g0}}=\beta_s=0.317\end{cases}$$

解得　$m_{s0}=575.2\text{kg/m}^3$;$m_{g0}=1239.3\text{kg/m}^3$。

按质量法计算得初步配合比为 $m_{c0}:m_{w0}:m_{s0}:m_{g0}=420.5:185:575.2:1239.3$。

4. **解**:$a_1=6.1\%$;$a_2=6.4\%$;$a_3=5.95\%$;$a_4=5.85\%$。

$$\text{OAC}_1=(6.1+6.4+5.95+5.85)/4=6.1\%$$

$$\text{OAC}_2=(\text{OAC}_{min}+\text{OAC}_{max})/2=(5.59+6.62)/2=6.1\%$$

$$\text{OAC}=(\text{OAC}_1+\text{OAC}_2)/2=6.1\%$$

5. **解**:$S=0.088$MPa,

平均 $R=0.87$MPa

$C_v=0.088/0.87=0.101$

$R_d/(1-Z_a C_v)=0.75/(1-0.101\times1.645)=0.90$MPa(不合格)

6. **解**:$A=\dfrac{\lg800-\lg71}{46.5-25}=0.0489$

$$PI=\frac{30}{1+50\times0.0489}-10=-1.29$$

$-2\sim+2$ 范围内,溶—凝胶型。

7. 解：$VV=\left(1-\frac{\gamma_f}{\gamma_t}\right)\times100=\left(1-\frac{2.352}{2.483}\right)\times100=5.3\%$

$$P_b=\frac{P_a}{100+P_a}=\frac{5}{100+5}=4.8\%$$

$$VMA=\left(1-\frac{\gamma_f}{\gamma_{sb}}\times P_s\right)\times100=\left(1-\frac{2.352}{2.784}\times(100-4.8)\%\right)\times100=19.6\%$$

$$VFA=\frac{VMA-VV}{VMA}\times100=\frac{19.6-5.3}{19.6}\times100=73.0\%$$

4.3 科目三：公路工程材料与管理考核题库参考答案

一、单项选择题

1. D　2. A　3. A　4. A　5. B　6. C　7. C　8. A　9. C　10. A
11. A　12. C　13. A　14. D　15. D　16. C　17. B　18. B　19. D　20. D
21. D　22. D　23. B　24. A　25. C　26. B

二、判断题

1. ×（但这不是物资管理和物资供应的全部范围）；2. √；3. ×（不一致）；4. ×（仓库保管员应对出入库物资及时登账）；5. √；6. ×（可以解除合同）；7. √；8. √；9. √；10. √；11. √；12. √；13. ×（物资需用量计划的准确与否）；14. √；15. √；16. ×（各号筛的累计筛余量百分率之和）；17. ×（如何解决用人关心用料成本的问题）。

三、填空题

1. 企业的经济效益 、企业的竞争力
2. 计划、询价、采购、运输、验收、保管、发放
3. 物耗 、物价
4. 购入原价、运杂费 、场外运输损耗
5. 钢板 、型钢
6. 普通石油沥青 、重交通道路石油沥青 、建筑石油沥青
7. 及时供应 、物资质量 、材料费成本
8. 材料预算 、价格和质量 、降低成本
9. 公路工程实体用材料 、辅助施工用材料
10. 钢筋混凝土用钢筋 、预应力混凝土或拉索用钢丝和钢绞线 、各类结构用型钢
11. 硝铵类炸药
12. 树脂 、颜料 、填料
13. 盆式橡胶支座、板式橡胶支座

四、简答题

1. 答：物资的验收入库、保管保养、发放以及废旧物资的回收和利用。

2. 答：一是保证物资及时供应，二是保证物资质量，三是降低材料费成本。

3. 答：一是项目或企业内部施工各环节、各层次的物耗量差考核，主要用以考核具体工位的施工班组等；二是项目或企业总的物耗量差考核，即施工图预算材料总量与实耗总量比较，用来考核企业单位或项目工程。

4. **答**:预算材料价格 =(材料原价 + 运杂费)×(1 + 场外运输损耗率)×(1 + 采购及保管费率)- 包装品回收价值。

5. **答**:加强物资合同管理的目的是避免或减少在物资采购和合同履行中因施工企业与物资供方、承运方发生经济纠纷而造成企业的经济损失。

6. **答**:一是节约降耗,即减少定额内的物资消耗;另一种途径是控制物耗,即减少定额内的物资损耗。

7. **答**:公路施工企业物资管理的最终目的是提高企业的经济效益,增强企业的竞争力。

8. **答**:施工企业物资部门的首要任务是围绕着保证物资供应、保证物资质量、降低材料费成本的任务。

五、计算(论述)题

1. **答**:

目的:企业在施工为了达到在具体操作上控制物耗的目的,最常用的方法是推行限额领料制度。

依据:限额领料的"限额"是根据设计施工图的工程数量和施工方案(工艺)按照施工定额或优化后的试验配合比计算出来的分项工程或分部工程材料数量,这是签发限额领料单的依据。

对象:施工班组,即用料部门,奖罚的对象也同样应是施工班组。换句话说,节超的责任也应在施工人员。

2. **答**:

(1)预算材料数量的影响

①施工图预算材料数量与供应、消耗材料数量不对口。对一个项目或企业来讲,物耗总量的考核是以施工图预算材料数量为标准的,但按施工图预算材料数量来考核实际消耗材料的节超存在一个对口的问题。物资供应的范围远大于施工图预算口径所说的材料数量的范围,使得总消耗量与总预算量不具有可比性。

②施工图预算材料数量的漏项。

③变更设计。完整的预算无法预料到施工过程中的变更设计。

(2)实际消耗材料数量方面的影响

①钢材的理论质量和实际质量的偏差。

③水泥的功能替代。

③工程返工。因施工单位自己的过失造成的工程返工往往要多消耗材料,所以施工单位必须千方百计减少返工损失。

3. **解**:

每平方米堆放 2t 水泥,则:

$$水泥库实用面积 S = 280/2 = 140(m^2)$$

利用系数取 0.7,则:

$$总面积 S_Z = 140 \div 0.7 = 200(m^2)$$

4. **解**:

采用成本节超核算法,取原材料的采购保管费率为 5%:

(1)预算单价 =(200 + 30)×(1 + 1%)×(1 + 2.5%)= 238.1075 元/t

(2)预算供料成本 = 880t + 238.1075 元/t = 209534.60 元

(3)实际供料成本 =(1000t ×180 元/t) +(1000t ×25 元/t) +2000 元 =207000 元

(4)实际供料单价 =207000 ÷880235.227 元/t

(5)成本节(+)、超(-)= 预算供料成本 - 实际供料成本

成本降低额 =209534.60 -207000 =2534.60 元

成本降低率 = 成本降低额 ÷ 预算成本 =(2534.60 ÷209534.60) ×100% =1.21%

4.4 科目四:道路施工技术考核题库参考答案

一、单项选择题

1. C 2. D 3. B 4. C 5. B 6. C 7. B 8. C 9. A 10. B
11. B 12. C 13. B 14. A 15. C 16. C 17. B 18. A 19. C 20. B
21. B 22. A 23. A 24. B 25. D 26. B 27. B 28. A 29. B 30. D
31. A 32. C 33. C 34. D 35. C 36. C 37. A 38. B 39. B 40. B
41. C 42. B 43. A 44. A 45. B 46. B 47. C 48. B 49. C

二、判断题

1. ×(分部工程改为分项工程);2. ×(改地下水为地面水);3. ×(两者分类应相反);4. √;5. √;6. ×(拉杆通常设在纵向施工缝上);7. ×(是胀缝而不应是施工缝);8. ×(应先边后中、先轻后重、先慢后快);9. √;10. ×(改圆弧滑动面法为直线法);11. ×(应是砂性土为振动式,而黏性土则采用碾压式);12. √;13. ×(本题说法应相反);14. √;15. ×(二级公路以下可用作基层);16. ×(应采用层铺法施工);17. √;18. √;19. ×(应为临界水位);20. √;21. ×(土的相对稠度或临界水位);22. ×(应为未超高加宽前的路基边缘高程);23. ×(应为未超高加宽前的路基边缘高程);24. √;25. ×(不应该是路面,而应是路基顶面);26. ×(不同);27. ×(应该是滑动体沿破裂面下滑所引起的);28. ×(应是拦截地面水);29. ×(引导地下水);30. √;31. √;32. √;33. ×(应是流速不大的非浸水路基边坡);34. √;35. √;36. √;37. ×(等级较高的路面横坡度可小一点,反之则大一点);38. ×(一般用于二级及以下公路);39. √;40. ×(强度不一定要求很高);41. √;42. √;43. ×(啃边破坏不属于翻浆破坏);44. √;45. ×(目的应是提高路面的整体强度和耐久性);46. ×(不是累积竖向变形,而一般由温度应力与垂直应力共同引起的疲劳破坏所想起);47. √;48. ×(传力杆通常设置在横向施工缝或胀缝上);49. ×(不是防止传力杆滑动而是允许其滑动);50. √;51. ×(不包括 N_2O);52. √;53. ×(采用拌和法施工);54. √;55. √。

三、填空题

1. 距离放样 、水平角放样 、高程放样
2. 清表压实 、分层铺筑 、边坡修整
3. 换填法 、挤密法 、化学加固法
4. 横挖法 、纵挖法 、混合开挖法
5. 植物防护 、砌石防护 、间接防护
6. 基层 、底基层
7. 二 、三 、四
8. 冻胀、滑坍、边坡风化

9. 施工单位、建设单位、监理单位

10. 粒料型、无机结合料、粒料型

11. 环刀法、灌砂法、核子密度仪

12. 轨道式摊铺机、滑模式摊铺机

13. 挡水、挡土、支撑坑壁

14. 木质护筒、钢质护筒、钢筋混凝土护筒

15. 人工施工、爆破施工、水力施工

16. 重力式挡土墙、加筋土挡土墙、锚杆式挡土墙

17. 透层、黏层、铺筑下封层

18. 暗沟、渗沟、渗井

19. 排水处理、削坡减载、边坡人工加固

20. 组织准备、技术准备、物质准备、现场准备、基层准备

21. 沥青混凝土、热拌沥青混凝土、沥青贯入式

22. 烘干法、酒精燃烧法、比重法

23. 拌和设备、摊铺设备、压实机具

24. 落锤法、贝克曼梁弯沉测定法、自动弯沉测定法

25. 坡面防护加固、边坡支挡、湿软地基加固

四、简答题

1. **答:**(1)施工测量(中线恢复和固定路线、设计资料复核);

(2)路基施工的场地准备(清理现场、路基放样、用在划界、拆迁、场地排水、施工前复查和试验工作)。

2. **答:**推土机、松土机、平地机、铲运机、挖掘机等。

3. **答:**土质、土层厚度、压实位置、被压土的极限强度。

4. **答:**(1)具有足够的稳定性与耐久性,必须精心施工,确保工程质量;

(2)应推行机械化施工;

(3)路基应按照设计要求进行施工,应以就地取材为原则;

(4)在符合工艺要求的前提下,积极采用经过鉴定的新材料、新技术、新机具和新的检定方法;

(5)路基施工应遵守国家有关土地管理法规,应节约土地,保护耕地和农田水利设施;

(6)应保护生态环境,尽量少破坏原有植被地貌;

(7)必须安全生产,加强生产教育,严格执行安全操作规程;

(8)必须按批准的设计文件进行。

5. **答:**(1)石方爆破常用的方法一般可分为中小型爆破和大型爆破两类。

(2)中小型爆破,如裸露药包法,即将药包置于物体表面或经清理的岩缝中,药包表面用草皮或稀泥覆盖,然后进行爆破;炮眼法(钢钎炮),即指直径与深度分别小于7cm与5m的爆破方法;药壶法(葫芦炮),即指深度在2.5m以上的炮眼底部用少量炸药经一次或多次烘膛,使炮眼底部扩大成葫芦形集中埋置炸药,以提高爆破方效果的一种方法。

(3)大爆破——系采用导洞和药室装药,用药量在1000kg以及上的爆破。

(4)微差爆破(毫秒爆破)——指两相邻药包或前后排药包以毫秒的时间间隔(一般15~17ms)依次起爆的爆破,可提高爆破效果。

(5)光面爆破——指开挖限界的周边,适当排列一定间隔的炮孔,在有侧向临空面的条件下,用控制抵抗线和药量的方法进行爆破,可形成光滑平整的边坡。

(6)预裂爆破——是指在开挖限界处,按适当间隔排列炮孔,在没有侧向临空面和最小抵抗线的情况下,用控制药量的方法,预先炸出一条裂缝,使拟爆体与山体分开的爆破方法。

6. **答**:①工程用水量;②施工机械用水;③施工现场生活用水;④生活区生活用水。

7. **答**:种类多;具有可调整的振动频率和振幅频率,以适应不同的材料压实;适用范围广;自重轻、耗能少;生产效率高,压实深度大,压实质量好;可有备用的凸块、光轮进行交换,拆装方便;对于铰接式振动压路基,能方便进行弯道边缘碾压;附装自动观测碾压相对密度仪的仪表时,可直接检测整个碾压路段的压实质量。

8. **答**:压实度是指土被压实后的干密度与该土的标准最大干密度之比,用%表示。

影响因素:含水率;土质对压实的影响,其中亚砂土和亚黏土的压实效果最好,黏性土的压实效果最差;压实功能对压实的影响:压实度随压实功的增加而有所增加。

9. **答**:严格控制松铺层厚度。压实前,可自路中心向两边做成2% ~4%的横破对松土层进行整平;严格控制在最佳含水率规定范围内进行施工;掌握"先轻后重、先慢后快进行压实"的原则组织压实;轮迹重叠达到规定要求;正确合理使用压实机械;注意全宽压实、并压实的均匀性;做好各项技术交底;加强经常性检测;为保证路基边缘施工压实度;施工中一般要超宽30 ~50cm。

10. **答**:人工施工;简易机械化施工;机械化施工或综合机械化施工;爆破法施工;水力机械化施工。

11. **答**:易出现的问题是:乱挖乱取土——主要是图取土方便,为追求进度引起。这样会引起填料不经选择,把表层土、带草皮的土、腐殖土等不合格土作为填料使用不当,从而导致路基出现不均匀沉降、压实难达标准、甚至出现路基沉陷等质量问题,带来众多问题,同样会影响水利设施、破坏环境或引起争议。

处治要点:首先技术人员应当掌握路基取土原则,在相思上有一个充分认识,选择合适的取土方式;坚持按设计文件要求进行;坚持按技术规范规定取土;加强对取土坑施工的检查,发现问题及时纠正。

12. **答**:软土地基是指以水下沉积的饱水的软弱黏性土或以淤泥为主的地层,有时也夹有少量的腐泥或泥炭层。

常用的处理方法:可以分为两大类共六种方法:

(1)沉降处理:加速固结沉降、减少总沉降量;

(2)稳定处理:控制剪切变形、阻止强度降低、促进强度增强;增加抗滑能力。

13. **答**:①沟渠开挖后应整平夯拍,如土质干燥,应洒水润湿;②遇有鼠洞陷穴,应填充夯实;③一般采用M5水泥砂浆砌筑,随拌随用。

14. **答**:(1)种类:土工网、土工格栅、土工模袋、土工织物、土工复合排水材料、玻璃网、土工填料等。

(2)作用:排水作用、反滤作用、分隔、加固、防护、其他作用。

15. **答**:①足够的强度和刚稳定度;②足够的稳定性;(包括高温稳定性和低温稳定性)③足够的水稳定性;④足够的平整度;⑤足够的抗滑性;⑥足够的耐久性;⑦尽可能低的扬尘性;⑧路面断面形式与尺寸必须符合有关规定。

16. **答**:清扫基层→浇洒透层沥青或黏层沥青→浇洒第一层沥青→撒布第一次集料→碾

压→洒第二层沥青→撒布第二层集料→碾压→洒第三层沥青→撒布第三层集料→碾压→交通控制→初期养护。

17. 答:(1)沥青的浇洒温度应根据人工、气温和沥青标号选择;

(2)浇洒中出现空白或缺边时,应立即用人工填充控制洒布长度;

(3)注意处理好接头;

(4)除阳离子乳化沥青外,不得在潮湿的集料或基层(或旧路上)浇洒沥青;

(5)浇洒主层沥青后(不必等全部浇洒完)应立即用集料撒布机或人工洒布第一次集料;

(6)及时碾压;

(7)第二、三层的施工要点与第一层相同;但可采用8~10t压路机碾压;

(8)做好交通管制;

(9)做好初期养护工作;

(10)洒布时应对周围的构造物进行遮盖。

18. 答:高填方路堤填筑施工时应注意以下几点:

(1)当按要求对原地面进行清理后,其地基土的强度仍不能达到设计要求时,则应按有关规定进行处理或加固,使地基土的强度达到设计要求;

(2)严格控制按设计边坡填筑,不得缺填;

(3)高填方路堤,每层填筑厚度,符合相关规定办理;

(4)高填方路堤受水浸淹部分,应采用水稳性好及渗水性好的填料,其边坡比不宜小于1:2;

(5)半填半挖的一侧高填方基底为斜坡时,应按规定挖好横向台阶,并应在填方路堤完成后,对设计边坡外的松散弃土进行清理。

19. 答:

(1)铺筑沥青层前,应检查基层或下卧沥青层的质量,不符要求的不得铺筑沥青面层。旧沥青路面或下卧层已被污染时,必须清洗或经铣刨处理后方可铺筑沥青混合料。

(2)石油沥青加工及沥青混合料施工温度应根据沥青标号及黏度、气候条件、铺装层的厚度确定。

20. 答:

(1)图a)、图c)、图e)为正确方案;

(2)图b)、图d)、图f)为错误方案。

五、案例题

1. 答:

(1)1和2条是针对雨季施工提出的措施,3和4条是针对冬季施工提出的措施。

(2)施工方技术员提出的针对雨季施工措施合理,针对冬季施工提出的措施不合理,因为该工程不属于冬季施工范畴。

(3)①雨季路堤施工地段除施工车辆外,应严格控制其他车辆在施工场地通行。

②保持场地不积水,如原地面松软,应采取换填措施。

③当天填筑的土层应当天完成压实。

2. 答:

(1)地面横坡陡于1:5时,原地面应挖成台阶(台阶宽度不小于1m),并用小型夯实机加以夯实。填筑应由最低一层台阶填起,并分层夯实,然后逐台向上填筑,分层夯实,所有台阶填完之后,即可按一般填土进行。

(2)①强度较大的土应填在上层,强度较小的土应填在下层。②凡不因潮湿或冻融影响而变更其体积的优良土应填在上层。③不同土质混合填筑路堤时,以透水性较小的土填筑于路堤下层时,应做成4%的双向横坡;如用于填筑上层时,除干旱地区外,不应覆盖在由透水性较好的土所填筑的路堤边坡上。

(3)该工程未能有效控制压实质量。因为根据选择的填料和压实机具,应该分三层或四层碾压。

(4)不符合工序检查的要求。因为分层碾压时,每一压实层都要进行相关检测。不能认定合格,因为存在漏项,漏了压实度和弯沉。

3. 答:

(1)①经野外取土试验测得原地土强度符合要求,合理;②外运砂性土回填了三处墓穴,合理;③清除20cm厚的原地土,平整后进行压实,合理;④最小压实度要求按路床压实度减两个百分点加以控制,不合理。因为当路堤填土高度小于路床厚度(80cm)时,基底的压实度不宜小于路床的压实度标准;⑤将清除出的原地土直接用于边坡表层作为种植土使用,不合理。应予以捣碎后方可用于路堤边坡表层。

(2)ABC

(3)路基干湿类型划分为四类:干燥、中湿、潮湿和过湿。根据路基土的分界稠度确定。

4.5 科目五:桥涵施工技术考核题库参考答案

一、单项选择题

1. A　2. C　3. B　4. B　5. B　6. B　7. B　8. A　9. B　10. A
11. A　12. B　13. B　14. A　15. B　16. D　17. A　18. B　19. D　20. B
21. B　22. A　23. C　24. D　25. C　26. C　27. C　28. B　29. A　30. C
31. A　32. A　33. D　34. C　35. A　36. C　37. B　38. A　39. C　40. B
41. B　42. B　43. C　44. B　45. B　46. B　47. B　48. B　49. C　50. B
51. B　52. C　53. B　54. C　55. C　56. A　57. A　58. A　59. B　60. D

二、判断题

1. ×(卸落设备可采用木楔、砂筒或千斤顶);2. √;3. √;4. ×(还包括调直和切断);5. √;6. √;7. ×(上料顺序是石子、水泥、砂子、水);8. ×(只调整水的用量);9. ×(……浮锈,……麻坑);10. ×(还有:纵横移动);11. ×(一般要在墩台处留工作缝);12. √;13. √;14. √;15. √;16. √;17. ×(不能充分发挥);18. ×(控制应力按工艺要求设计确定);19. √;20. ×(剪切变形);21. ×(轴向力减小;对拱圈受力不利);22. √;23. √;24. √;25. ×(无铰拱为三次超静定,三铰拱为静定结构);26. ×(悬臂梁为静定结构);27. ×(还有:减小车轮冲击、磨耗、扩散荷载);28. ×(……称为基础,……由基础传给地基);29. √;30. ×(在钢筋混凝土桩……);31. √;32. ×(可采用浆砌块石);33. √;34. √;35. ×(土围堰水深小于1.5m,流速小于0.5m/s);36. ×(井点法……地下水);37. ×(目的是将地表层的水……);38. ×(水流向的上游);39. √;40. √。

三、简答题

1. 答:主要包括上部结构、下部结构、支座和附属设施。

2. 答:有圬工桥(包括石桥、混凝土桥)、钢筋混凝土桥、预应力混凝土桥、钢桥、钢—混组合桥和木桥等。

3. 答:通常归类为永久作用、可变作用和偶然作用三类。

4. 答:①制作张拉台座;②预应力钢筋的制作;③模板及钢筋安装;④预应力钢筋张拉;⑤浇筑混凝土并养护;⑥预应力钢筋放张。

5. 答:①装配一整体施工法;②悬臂施工法;③顶推施工法;④移动式模架逐孔施工法。

6. 答:拱架的卸落程序一般为:先落拱顶支点,后对称卸落拱顶两侧支点,再落拱顶支点,再对称卸落两侧支点和向拱脚分布的各支点,依次循环卸落。

7. 答:应进行尺长改正、温度改正以及倾斜改正。

8. 答:一般有二次抛物线法、降低拱轴计算法和按拱脚影响线比例法。

9. 答:(1)应凿除处理层混凝土表面的水泥砂浆和松弱层;

(2)用水冲洗干净处理面,对于垂直缝应刷一层水泥净浆;

(3)结构重要部位的施工缝应补插锚固钢筋或石榫;

(4)斜缝应浇筑成或凿成台阶状。

10. 答:(1)通过对原材料的质量检验与控制、混凝土配合比的确定与控制、混凝土生产和施工过程各工序的质量检验与控制,以及合格性检验控制,使混凝土的质量符合规定要求;

(2)建立健全必要的技术管理与质量管理制度,配备专门的技术人员和仪器设备,采用质量管理图表掌握动态信息,制订保证质量的措施。

11. 答:①制备预应力筋;②预应力筋孔道成型;③预应力筋安装;④预应力筋张拉和锚固;⑤孔道压浆和封锚。

12. 答:①楔形垫块措施;②支架式固结措施;③锚固式固结措施;④临时支承式固结措施。

13. 答:①土围堰;②土袋围堰;③钢板桩围堰;④钢筋混凝土板桩围堰;⑤竹、铅丝笼围堰;⑥套箱围堰;⑦双壁钢围堰。

14. 答:(1)卸架后上部构造本身及活载一半所产生的竖向挠度;

(2)支架在荷载作用下的弹性压缩挠度;

(3)支架在荷载作用下的非弹性压缩挠度;

(4)支架基底在荷载作用下的非弹性沉陷;

(5)由混凝土收缩及温度变化而引起的挠度。

15. 答:根据施工测量定出墩台中心线,放出砌筑墩台的轮廓线;石料的定位方法常用的一般有垂线法和瞄准法。

16. 答:有预应力主筋,主要承担拉应力,并对混凝土施加压应力;箍筋,主要承担剪应力和构造作用;斜筋,主要承担主拉应力;架立钢筋,主要起钢筋骨架构造作用;分布钢筋,主要起防混凝土收缩的作用;局部加强钢筋。

17. 答:确认工程项目,进行现场布置和施工准备;制定工程进度计划、人事劳务计划、临时设施计划、机具设备使用计划、资料及运输计划;工程财务、安全、质量与卫生管理等。

18. 答:(1)测量放样的所有置镜点、后视点必须是控制网的桩点;

(2)必须保证足够的精度,并采用适当的方法消除系统误差;

(3)所有定位放样测量必须有可靠的校核方法;

(4)所有计算应准确无误。

19. 答:(1)在基坑顶缘四周适当距离处设置截水沟,并防止水沟渗水,以免影响坑壁稳定性。

(2)坑壁边缘应留有护道,静荷载距坑边缘不小于0.5m,动荷载距坑边缘不小于1.0m。

(3)应经常注意观察坑边缘顶面有无裂缝,坑壁有无松散塌落现象发生,以确保安全施工。

(4)基坑施工不可延续时间过长。

(5)机械挖基至坑底应保留不小于30cm厚度的底层,然后用人工挖至基底高程。

(6)基坑应尽量在少雨季节施工。

(7)基坑宜用原土及时回填,并注意分层夯实。

20. **答**:基坑定位放样→基坑围堰→排水→开挖→支撑→质量检查。

21. **答**:①拼装式模板;②整体吊装模板;③组合型钢模板;④滑动钢模板。

22. **答**:①支架承受施工荷载引起的弹性变形值;

②受载后由于杆件接头的挤压和卸架设备压缩而产生的非弹性变形值;

③支架基础在受载后的非弹性压缩值;

④结构跨中的挠度值。

23. **答**:桥梁竣工测量按以下两阶段进行:

第一阶段——在桥梁墩台施工完毕、梁部架设以前,对全线桥梁墩台的纵、横向中心线、支承垫石顶高程、跨度进行贯通测量,并标出各墩台纵、横向中心线、支座中心线、梁端线及锚栓孔十字线。

第二阶段——在梁部架设完成后,对全桥中线贯通测量并在梁表面标出桥梁工作线位置。

24. **答**:钢筋在焊接过程小由于温度的变化,致使骨架的形状和尺寸不能符合设计要求,同时会在焊缝内产生收缩应力而使焊缝开裂。因此,为了减小施焊过程中骨架的变形,一般常在电焊工作台上用先点焊后跳焊(即错开焊接次序)的方法进行焊接,另外采用双面焊缝使骨架的变形尽可能均匀对称。

25. **答**:(1)模板必须不足够的强度、刚度和稳定性。构件应主要选用受压或受拉形,并减少构件接缝的数量。

(2)支架立柱必须安装在有足够承载力的地基上,立柱底端应设置垫木,并保证浇筑后不发生超容许沉降量。

(3)支架安装前要有充分的变形和预拱度估计和计算,安装时设置预拱度,使就地浇筑的桥跨结构线形符合设计要求。

(4)构造物的模板支架不应与施工的脚手架和便桥相连,以免施工振动时影响浇筑混凝土的质量。

(5)模板的接缝必须密合,以免漏浆。

(6)模板、支架应尽量做成装配式组件或块件。

四、计算(论述)题

1. **解**:根据题意每根拉杆的受力为:$P=26\times(0.75\times0.85)=16.575(\text{kN})$

故,选用直径为14mm的拉杆。

2. **解**:将坐标系原点建立在拱顶,则由$\xi=0.3$和0.7得:

$$x_{0.3}=0.3\times\frac{l}{2}=13.5 \text{ 和 } x_{0.7}=0.7\times\frac{l}{2}=31.5$$

故:
$$\delta_{0.3}=\delta\left(1-\frac{4x_{0.3}^{2}}{l^{2}}\right)=12\times\left(1-\frac{4\times13.5^{2}}{90^{2}}\right)=10.92\text{cm}$$

$$\delta_{0.7}=\delta\left(1-\frac{4x_{0.7}^{2}}{l^{2}}\right)=12\times\left(1-\frac{4\times13.5^{2}}{90^{2}}\right)=6.12\text{cm}$$

3. 解:由题意得:

基坑深为:$h=95.64-93.55=2.09$m

坑底基础周围留有1m的工作宽度,则开挖基坑在地面的放线尺寸为:

横桥向:$AB=8.64+2\times1+2\times1.5\times2.09=16.91$m

纵桥向:$CD=2.24+2\times1+2\times1.5\times2.09=10.51$m

4. 答:(1)场地准备。根据现场调查,有水桩位拟采用围堰筑岛。一般情况采用土袋围堰,其尺寸应根据施工季节、桩位、河水水位及施工需要确定。桩位无水时,清除现场,将桩基位置整平夯实;场地为陡坡时,用枕木或方木搭设工作平台,同时有水河道修建临时便桥,使钻孔机械能顺利进场。

(2)泥浆制备。选用黏性土造浆,泥浆的重度、黏度、含砂率、胶体率、失水量、静切力、酸碱度等指标符合该地层护壁要求,泥浆试验完成后,填写泥浆试验记录表。

(3)埋设护筒。孔口护筒采用钢板制作,内径比桩径大200~400mm,根据桩位现场情况决定护筒长度,护筒顶端高度,应高出地下水位1.0~2.0m,当护筒处于旱地时,还应高于地面0.3m。

(4)钻机就位。钻机就位时用方木垫平,将钻头中心线对准桩孔中心,误差控制在20mm以内。

(5)钻孔。钻进中用检孔器检孔,据此调整钻机位置,保证成孔质量。

(6)第一次清孔。终孔检查后,应迅速清孔。

(7)吊放钢筋笼。在钢筋笼外侧绑扎混凝土垫块或焊接钢筋耳环,以保证钢筋的保护层厚度。钢筋笼绑扎好后整体吊放,吊入后校正轴线位置,并牢固定位,以免在灌注混凝土时发生浮笼现象。

(8)导管安装。使用前对导管进行水密、承压和接头抗拉试验,保证导管不漏水。导管安装后,其底部距孔底应有250~400mm的空间。

(9)第二次清孔。钢筋笼及导管就位后,利用导管进行第二次清孔。

(10)灌注水下混凝土。首批混凝土的灌注数量应满足导管初次埋入混凝土深度不小于1.0m,并能填充导管底部的间隙。混凝土灌注要连续进行,随灌注随拔管。在整个灌注过程中,要经常探测孔内混凝土面的位置,及时调整导管埋深,导管埋深一般不小于2.0m或大于6.0m。由专人测量导管埋深并填写水下混凝土灌注记录。

灌注的桩顶高程应比设计高0.5~1.0m,多余部分在接桩前凿除,以保证混凝土强度。

质量检验:采用超声波无损检测方法进行检验。

5. 答:(1)空心板的充气胶囊内模,由于固定方式欠佳,易产生下沉及上浮,造成顶、底板的厚度难以控制。

(2)在预应力张拉时产生断丝。

(3)空心板两端因预应力放张偏早,造成该部位混凝土易开裂。

(4)在后张法施工的预应力结构中,除在模板、支架、钢筋、混凝土方面,其他方面的质量多发生于混凝土浇筑、预应力钢束的穿束张拉、封锚和预留孔道灌浆等工序中,如预留孔道塌陷,孔道位置不正、堵塞,预应力锚固区锚垫板位置不准,锚下混凝土不密实,预应力筋张拉时滑丝、断丝、应力超标、张拉伸长率不达标,孔道灌浆不实或压浆困难。

6. **答**：编写的主要内容有：

(1)简要叙述工程结构特点、地质、水文气候等因素对工程的影响和推备采取的措施。

(2)按统筹法将主要工程项目的施工顺序和工程进度编成图表。

(3)简要叙述主要工程的施工方法和保证工程质量、施工安全节约材料以及推广应用新技术、新工艺、新材料的技术措施。

(4)施工场地布置包括用地范围、临时性生产生活用房，预制场地的地点和规模，各种材料的堆放场，水、电供应及设备，临时道路，大中型施工机械设备及其临时设施的布置等。

(5)施工图纸的补充包括设设计文件和图纸中没有包括的施工结构详图。

(6)根据设计概(预)算，结合施工方案以及现场的具体情况，编制施工预算，它比设计概(预)算更详细、更复合实际。

(7)编制主要材料、劳动力、机具设备的数量及供应计划。

7. **答**：大体积混凝土浇筑时，应注意分层分块浇筑，同时应控制混凝土水化热，在一般情况下应符合现行《公路桥涵施工技术规范》的要求；当平截面过大，不能在前层混凝土初凝或被重塑前浇筑完成次层混凝土时，可分块进行浇筑。分块浇筑时应符合下列规定：

(1)分块宜合理布置，各分块平截面面积小于50m^2；

(2)每块高度不宜超过2m；

(3)块与块间的竖向接缝面，应与基础平面的短边平行，与截面长边垂直；

(4)上、下邻层混凝土间的竖向接缝，应错开位置做企口，并按施工缝处理。

大体积混凝土应参照下述方法控制混凝土的水化热：

(1)用改善骨料的级配、降低水灰比、掺加混合料、掺加外加剂、参加片石等方法来减少水泥用量；

(2)采用水化热低的大坝水泥、矿渣水泥、粉煤灰水泥或低强度等级水泥；

(3)减少浇筑层厚度，以加快混凝土散热速度；

(4)混凝土用料应避免日光暴晒，以降低初始温度；

(5)在混凝土内埋设冷却管通水冷却。

五、案例题

1. **答**：

(1)平整场地，做好排水系统，台座应设置反拱。

(2)合理。对模板的要求有：①模板要具有足够的强度、刚度和稳定性；②尺寸规范、表面平整光洁、接缝紧密、不漏浆；③试拼合格后，方可投入使用。

(3)①张拉前，应对张拉机、压力表及油泵进行配套标定或校验，以准确标定张拉力与压力表读数间的关系曲线；②按设计要求在两端同时对称张拉，张拉时千斤顶的作用线必须与预应力轴线重合，两端各项张拉操作必须一致；③预应力张拉采用应力控制，同时以伸长值作为校核，并控制断丝滑丝数。

2. **答**：

(1)可以采用土石围堰或板桩围堰。

(2)有挡板支撑，混凝土护壁，钢板桩等。

(3)破除桩头，调整桩顶钢筋，作好喇叭口。

(4)①钻孔灌注桩混凝土的强度；②凿除桩头混凝土后，有无残缺的松散混凝土；③需嵌入承台内的混凝土桩头及锚固钢筋长度应符合要求。

3. 答：

(1)应开展的主要检验内容有：

①预应力筋。预应力筋各项技术性能，千斤顶、油表、钢尺等检查校正；预应力管道坐标及管道间距；张拉时的应力值、张拉伸长率和张拉断丝滑丝数；

②板梁混凝土强度、几何尺寸(长度、宽度、高度、跨径)、板梁平整度及支座预埋件表面的平整度、预埋件位置。

(2)缺项部分有：预拱度的控制、板梁混凝土的强度控制、支座安装型号和方向的控制。

4.6 科目六：公路工程定额与统计考核题库参考答案

一、选择题

1. A　2. B　3. B　4. D　5. B　6. D　7. D　8. C　9. B　10. C
11. C　12. C　13. C　14. D　15. D　16. B　17. C　18. C　19. D　20. A
21. C　22. C　23. A　24. B　25. D　26. B　27. A　28. D　29. A　30. B
31. A　32. D

二、概念解释题

1. 答：在合理的生产组织、合理的使用资源和合理的生产技术条件下，经过国家主管部门科学地测定、分析、计算、而加以合理确定的生产单位合格产品或完成一定量工作所消耗的人力、机械、材料、资金等数量的标准。

2. 答：是在一定的生产技术和生产组织条件下，为生产或完成一定量合格的产品或工作，所规定的劳动量消耗标准。

3. 答：即周转材料(如模板、支架的木料)的周转定额，它是指周转性材料在施工中合理使用的次数和用量标准。

4. 答：是公路施工企业以施工技术验收规范及安全操作规程为依据，在一定的施工技术和施工组织条件下，规定建筑安装人工或班组为完成单位合格建筑安装产品所消耗的人工、材料和机械台班的数量标准。

5. 答：就是当设计所规定的内容与定额中的工作内容、子母或表中某序号所列的规格(如混凝土强度等级)不符时，则应查用相应定额或基本定额予以替换。

6. 答：是公路工程预算定额的组成部分。基本定额，是指在合理的条件下，为生产单位数量半成品、中间产品所规定的各种资源(工、料、机、费用等)消耗量标准。

7. 答：施工企业在单位工程开工之前，根据施工图纸、施工定额、单位工程施工组织设计、降低工程成本的技术组织措施，并结合施工现场的实际情况，在施工图预算的控制下，以单位工程为对象而编制的经济文件。

8. 答：统计工作的最后阶段，它将大量通过调查和整理的统计资料，进行科学分析，找出发展规律，发现企业管理和计划执行中的问题和薄弱环节，并找出其原因，提出符合实际的解决问题的办法或建议。

9. 答：当有若干个施工任务时，各个任务相隔一定时间依次投入生产，相同的工序依次进行而不同的工序则平行进行的一种作业方法。

10. 答：一个专业施工队在一个施工段上完成某一施工过程的作业持续时间叫流水节拍，常用 t 表示。

11. **答**:相邻两个专业施工队依次在同一施工段上开始作业的时间间隔叫流水步距,用 K 表示。

12. **答**:以货币形式表现的,从设计施工、到交付使用全部生产过程的全部费用支出的总和。

13. **答**:对企业在施工经营活动中所发生的工程成本,有组织、有系统地进行预测、计划、控制、核算、分析和考核等一系列科学管理工作。

14. **答**:指把关键节点和关键工序连接起来所形成的线路。可以通过计算网络时间的方法确定,此外还可以用破圈法确定。

15. **答**:招标单位按一定原则将招标的工程进行分解,以明确工程内容和范围,并将这些内容数量化。

16. **答**:指工程量清单中所列的工程数量,它是在实际施工生产前根据设计图纸和说明及工程量计算规划所得到的一种准确性较高的预计数量,而不是承包人应予以完成的实际和准确的工程量。

17. **答**:将工程量清单中的项目和费用以绘图的形式表示出来,并随着计量工作的进行,将已被计量的部位在图中显示出来。

18. **答**:根据工序或部位将一个项目分成若干子项,对完成的各子项进行计量支付。

三、判断题

1. √;2. √;3. √;4. √;5. √;6. ×(按照定额的用途进行分类的);7. √;8. ×(以专业人员为主的);9. √;10. √;11. ×(人工工日数);12. ×(包括本身在内);13. √;14. ×(施工预算);15. √;16. ×(施工定额);17. √;18. √;19. ×(不可增加);20. √;21. √;22. √;23. ×(施工工期短,连续作业);24. ×(一般大于或等于1,不超过1.5);25. √;26. ×(材料供应不集中);27. √;28. √;29. ×(材料供应均衡);30. √;31. √;32. ×(差额曲线图);33. √;34. √;35. √;36. √;37. √;38. √;39. ×(施工定额);40. √;41. √;42. ×(不可以按照工地上习惯采用的规定进行);43. ×(不可由业主规定);44. ×(不可由业主规定);45. ×(需要承包人与业主签字)。

四、简答题

1. **答**:

(1)忠于职守,热爱本职,献身事业;

(2)钻研业务、技术知识,精通本职业务;

(3)坚持廉洁守法,决不以职谋私;

(4)团结协作,艰苦奋斗,厉行节约;

(5)深入实际,调查研究,坚持实事求是。

2. **答**:材料预算价格=(材料原价+运杂费)×(1+场外运输损耗费率)×(1+采购及保管费率)-包装品回收价值。

3. **答**:编制预算时:①如混凝土、砂浆设计配合比与定额表中配合比不同时,应抽换;②如混凝土、砂浆配合比中水泥强度等级或碎石规格不同时,应进行抽换。

4. **答**:①分析分项工程(工作)或半成品所需人工、材料、机械等消耗量;②进行定额抽换。

5. **答**:①规定各种周转性材料的周转、摊销次数;②对达不到规定周转次数的材料定额进行抽换。

6. **答**:①法令性文件;②设计资料;③定额、取费标准、材料与设备预算单价等资料;④施工组织设计文件；⑤工程所在地物资、劳动力资源可利用的情况；⑥施工单位的施工能力与潜力；⑦工程所在地的自然条件；⑧其他工程与沿线设施。

7. **答**：流水作业作图的过程，是施工组织的设计高程，需综合考虑各种因素，然后才能作出比较理想的作业进度图。下面就作图的有关要点介绍如下：

(1)公开要素：也称公开条件。每一道工序的开工，必须具备工作面和生产力两个要素，二者缺一不可。

(2)工序衔接原则

①工序衔接以取得最短施工期为目的，但要满足工艺要求和自然过程的需要；

②尽量体现生产过程组织原则，使同工序在各施工段上能连续作业，相邻不同工序在同一施工段上能连续作业；

③根据实际需要，有些工序的作业班组可采取连续式或间歇式施工。

(3)确定合理的流水参数。

8. **答**：

(1)一张网络计划图中只允许有一个始节点与一个终节点；

(2)一张网络计划图中不允许单代号与双代号混用；

(3)不允许出现双向箭头，避免出现反向箭线；

(4)一对节点之间只能有一条箭线；

(5)网络计划图中不允许出现闭合回路；

(6)网络计划图中不允许出现相同编号的节点和相同代号的工作；

(7)避免箭线交叉。

9. **答**：

(1)工程的全部施工图纸及有关水文、地质、气象和其他技术经济资料；

(2)上级或合同规定的开工、竣工日期；

(3)主要工程的施工方案；

(4)劳动定额和机械使用定额；

(5)劳动力、机械设备供应情况；

(6)合理的施工顺序和正确的施工方法。

10. **答**：

(1)工程任务单的作用：实行计划管理的重要方法，是向班组下达施工作业计划的有效形式，是开展劳动竞争、进行班组经济核算、实行计划工资及发放奖金和津贴的主要依据；

(2)工程任务单的内容：①工程任务单；②记工单；③限额领料卡。

11. **答**：(1)工长根据作业计划和施工定额为施工班组签发工程任务单；

(2)工程任务单经队长批准后，下达给施工班组；

(3)任务完成后，班组自检(定额验收、核定、计算)；

(4)劳资部门汇总核实，作为结算工资、核发奖金的依据。

12. **答**：①人工费分析；②材料费分析；③机械使用费分析；④其他直接费分析；⑤施工管理费分析。

五、计算题

1. **解**：水泥的单位重 1.0t，水泥的毛重系数 1.01。

单位运杂费 $=0.25\times60\times1.0\times1.01+1.1\times1.0\times1.01+3.0\times1.0\times1.01=19.29$ 元/t

32.5 级水泥预算价格 =（260 +19.29）×（1 +1%）×（1 +2.5%）=289.13 元/t

32.5 级水泥总费用 =289.13 ×453 =130976 元

2. 解： 直接工程费 =2.1067 ×14.38 =30.2943 万元

其他工程费 =30.2943 ×5.39% =1.6329 万元

直接费 =30.2943 +1.6329 =31.9272 万元

人工费 =31.9272 ×35% =11.1745 万元

规费 =11.1745 ×43% =4.8050 万元

间接费 =4.8050 +31.9272 ×6.32% =6.8228 万元

施工图预算包干费 =（31.9272 +6.8228）×3% =1.1625 万元

3. 解： 直接工程费 =2867 ×415 =118.9805 万元

其他工程费 =118.9805 ×8.22% =9.7802 万元

人工费 =2867 ×56 =16.0552 万元

规费 =16.0552 ×43% =6.9037 万元

直接费 =118.9805 +9.7802 =128.7607 万元

间接费 =6.9037 +128.7607 ×5.67% =14.2044 万元

施工图预算包干费 =（128.7607 +14.2044）×3% =4.2890 万元

4. 解： 直接工程费 =28.5623 万元

其他工程费 =28.5623 ×5.39% =1.5395 万元

直接费 =28.5623 +1.5395 =30.1018 万元

规费 =3.6825 ×43% =1.5835 万元

间接费 =1.5835 +30.1018 ×4.26% =2.8658 万元

利润 =（30.1018 +2.8658）×6.30% =2.0770 万元

税金 =（30.1018 +2.8658 +2.0770）×3.41% =1.1950 万元

建筑安装工程费 =30.1018 +2.8658 +2.0770 +1.1950 =36.2396 万元

六、作图题

1. 解：（1）确定工序之间的最小流水步距（K^1_{ijmin}）：

$K_{ABmin}=6$　　$K_{BCmin}=10$　　$K_{CDmin}=5$

（2）绘制横道图：

工序 名称	施工进度																				
	2	4	6	8	10	12	14	16	18	20	22	24	26	28	30	32	34	36	38	40	42
A		①		②			③			④											
B					①			②		③			④								
C										①	②		③		④						
D												①		②		③			④		

（3）最短工期 $T=41$（d）

2. **解**:(1)确定施工总工期为最短的施工顺序方法如下:

任务 工序	2号	1号	5号	4号	3号
A	3	4	6	7	8
B	4	6	9	8	5

(2)绘制横道图:

工序 名称	施工进度																		
	2	4	6	8	10	12	14	16	18	20	22	24	26	28	30	32	34	36	38
A	②		①		⑤				④				③						
B			②		①				⑤				④				③		

(3)最短工期 $T = 35$(d)

3. **解**:(1)根据下列数据绘制网络图(附图5);

(2)计算网络时间参数;

(3)确定关键线路与工期。

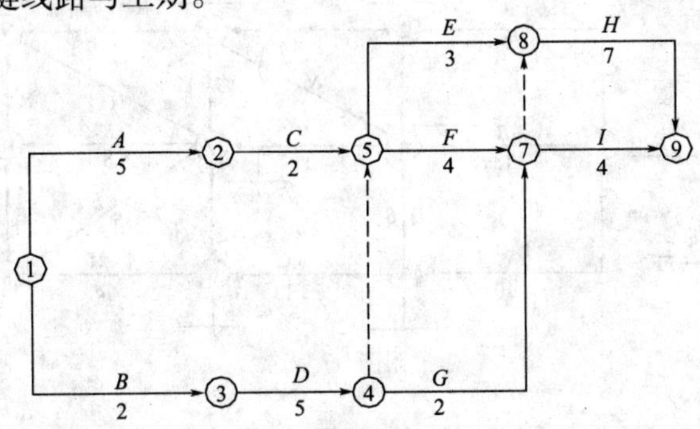

附图 5

4. **解**:(1)根据下列数据绘制网络图(附图6);

(2)计算网络时间参数;

(3)确定关键线路与工期。

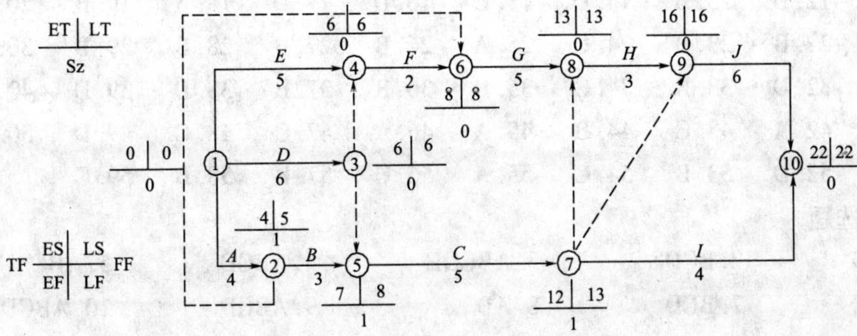

附图 6

5. **解**:(1)确定各工序之间的最小流水步距($K^{1}_{ij\min}$)如下:

$$K_{AB\min}=7 \qquad K_{BC\min}=11$$

(2)绘制横道图:

工序 名称	施工进度																	
	2	4	6	8	10	12	14	16	18	20	22	24	26	28	30	32	34	36
A		①			②				③		④							
B						①			②		③			④				
C											①		②	③			④	

(3)总工期 $T=33$(d)

6. **解**:(1)根据下列数据绘制网络图(附图 7);

(2)计算网络时间参数;

(3)确定关键线路与工期。

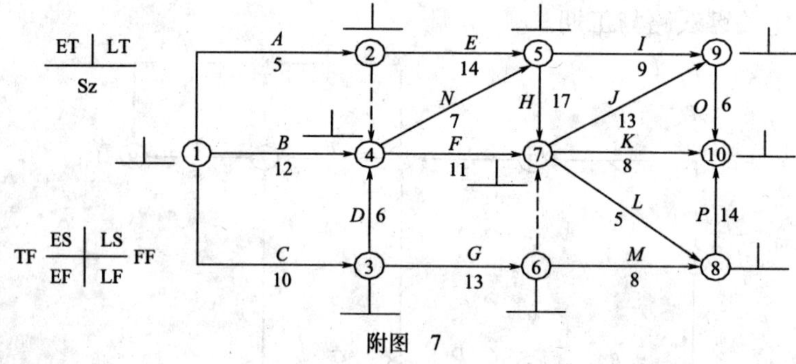

附图 7

4.7 科目七:公路施工安全技术考核题库参考答案

一、单选题

1. C　2. A　3. A　4. D　5. B　6. A　7. C　8. A　9. C　10. D
11. D　12. D　13. B　14. D　15. C　16. D　17. D　18. A　19. B　20. C
21. C　22. B　23. B　24. C　25. A　26. B　27. B　28. B　29. B　30. D
31. B　32. D　33. B　34. C　35. D　36. B　37. B　38. D　39. D　40. A
41. A　42. A　43. C　44. B　45. A　46. A　47. C　48. C　49. D　50. A
51. D　52. D　53. B　54. C　55. A　56. C　57. B　58. B　59. C

二、多选题

1. ACD　2. BCDE　3. ABCDE　4. ABCD　5. ABE
6. CDE　7. BCD　8. AD　9. ABCD　10. ABCDE
11. ABCD　12. ABCE　13. ABCDE　14. ABCDE　15. ABCD

16. ABCDE	17. ABCDE	18. ABCDE	19. ABCDE	20. ABCDE
21. ABC	22. ABCDE	23. ABCDE	24. AB	25. ABC
26. ACD	27. ABC	28. ABCDE	29. ACD	30. ABCE
31. BCD	32. ABCDE	33. ABD	34. ABC	35. ABCD
36. ABCD	37. ABCD	38. ACE	39. ABC	40. CDE
41. ACD	42. ABCD	43. ABCD	44. ABC	45. BCD
46. ACD	47. AD	48. AB	49. ABE	50. ABCD

三、判断题

1. √;2. √;3. ×(对事故的预防);4. √;5. √ ;6. √ ;7. √;8. √;9. ×(到施工企业总部进行教育);10. √ ;11. √;12. √;13. √;14. √;15. ×;16. √;17. ×(必须采取安全措施);18. ×(需要建立);19. ×(不能在原炮眼内);20. ×(必须设置设置防雨措施);21. √;22. √;23. √;24. √;25. √;26. √ ;27. ×(爆破拆除作业人员);28. ×(向有关部门、有关人员报告);29. ×(当风力超过六级时);30. √。

四、概念解释题

1. **答:**在施工过程中为防止和消除伤亡事故或减轻繁重劳动所采取的措施。

2. **答:**在进行生产管理的同时,通过采用计划、组织、技术等手段,依据并适应生产中人、物、环境因素的运动规律,充分发挥其积极性,而又有利于控制事故的一切管理活动。

3. **答:**指发生在生产过程中,违背人们意愿且又失去控制的事件。具体到施工生产活动中,事故总是要构成人体伤害或造成财产损失的。

4. **答:**如果能量一旦失去人的控制,便会立即超越约束与限制,自行开辟新的渠道,出现能量的突然释放,于是,事故就可能发生。

5. **答:**指用屏护方法与手段把人体与生产活动中出现的危险部位隔离开来的设施和设备。

6. **答:**指工程本身的特殊性或工程所在地区(区域)的特殊性或采用的施工工艺、方法有特殊要求的工程。

7. **答:**指在施工现场管理中,要按现代化施工的客观要求,使施工现场保持良好的施工环境和施工秩序。它是施工现场管理的一项重要的基础工作。

8. **答:**凡在坠落高度基准面2m以上(含2m)有可能坠落的高处进行的作业。

9. **答:**指在开挖限界的周边,适当排列一定间隔的炮孔,在有侧向临空面的情况下,用控制抵抗线和药量的方法进行爆破,使之形成一个光滑平整的边坡。

10. **答:**在桥一端的桥台后方,沿桥轴线方向分段预制箱梁节段,各节段用预应力钢丝来联成整体,通过固定在墩台上的液压水平千斤顶和滑移装置,把梁顶推到对岸。

五、简答题

1. **答:**(1)管生产同时管安全的原则;

(2)坚持安全管理的目的性原则:工程技术环境 、安全管理环境 、劳动环境;

(3)必须贯彻以预防为主的原则;

(4)坚持"四全"动态管理的原则;

(5)安全管理重在控制的原则;

(6)①安全控制的难点多;②安全控制的劳保责任重;③施工项目安全控制处在企业安全控制的大环境之中,它包括以下分系统:安全组织系统、安全法规系统和安全技术系统;④施工现场是安全控制的重点。

2. **答**:(1)安全员的权利如下:

①遇有严重隐患或违反规章制度的行为、有可能立即造成重大伤亡事故危险、特别紧急的不安全情况时,有权指令先行停止生产,并且立即报告领导研究处理。

②有权检查所在单位对安全生产方针或上级指示贯彻执行的情况。

③对不认真执行指示的单位或个人,有权越级向上汇报。

(2)安全员的责任如下:

①所在单位如安全工作长期存在严重问题,既没有提出意见,又没有向上级汇报,因而发生了事故,要负责任。

②在安全检查工作中不深入细致,放过了严重事故隐患,而造成了事故,要负责任。

③在安全评比工作中,由于掌握资料不真实,以致影响评比工作,要负责任。

3. **答**:(1)针对不同工程的特点可能造成施工的危害,从技术上采取措施,消除危险,保证施工安全。

(2)针对不同的工程结构可能造成施工的危害,从技术上采取措施,消除危险,保证施工安全。

(3)针对不同的施工方法采取安全措施。

(4)针对使用的各种机械设备、变配电设施给施工人员可能带来的危险因素,从安全保险装置等方面采取技术措施,以保安全。

(5)针对施工中有毒有害、易爆、易燃等作业可能给施工人员造成的危害,从技术上采取防护措施。

(6)针对施工场地及周围环境可能给施工人员或周围居民,以及材料、设备运输带来的困难和不安全因素,从技术上采取措施,进行保护。

4. **答**:(1)作业人员必须绑系安全带,在作业前,应对安全带整套装置进行严格检查。

(2)边坡开挖中如遇地下水涌出,应立即停止开挖,应先排水,后开挖,并严密注意边坡的稳定性,采取相应安全措施。

(3)开挖工作应与装运作业面相互错开,严禁上下双重作业。

(4)注意对开挖中的孤散石块的处理。弃土下方和有滚石危及范围内的道路,应设警告标志,作业时,坡下严禁通行。

(5)坡面上的操作人员对松动的土、石块必须及时清除,严禁在危石下方作业、休息和存放机具。

5. **答**:(1)驾驶台及作业现场要视野开阔,清除一切有碍工作的障碍物。作业时无关人员不得在驾驶台上逗留。驾驶员不得擅离岗位。

(2)运料车向摊铺机卸料时,应协调动作,同步进行,防止互撞。

(3)换挡必须在摊铺机完全停止时进行,严禁强行挂挡和在坡道上换挡或空挡滑行。

(4)熨平板预热时,应控制热量,防止因局部过热而变形。加热过程中,必须设专人看管。

(5)驾驶力求平稳,不得急剧转向。弯道作业时,熨平装置的端头与路缘石的间距不得小于10cm,以免发生碰撞。

(6)用柴油清洗摊铺机时,不得接近明火。

(7)作业中应设立施工标志。

6. **答**:(1)施工前,应编制安全技术措施并进行安全技术交底。挂篮组拼后,要进行全面检查,并做静载试验,以确保安全可靠。

(2)在墩台进行零号块施工并以斜拉托架做施工平台时,在平台边缘处,应设安全防护设施,以保证作业时的安全。墩身两侧斜拉托架平台之间搭设的人行道板必须连接牢固,并经常进行检查。

(3)使用的机具设备,如千斤顶、滑车、手拉葫芦、钢丝绳等均应进行仔细检查,不符合安全规定要求的严禁使用。

(4)认真检查墩身预埋件和斜拉钢带的位置及坚固程度是否符合设计要求。

7. **答:**(1)作业前,必须清除上、下两极的油污。通电后,机体外壳应无漏电。

(2)启动前,首先应接通控制线路的转向开关和调整好极数。接通水源、气源、再接通电路。必须按序作业。

(3)认真检查电极触头,应保持其光洁,如有漏电时,应立即更换。

(4)作业时,气路、水冷系统应畅通。气体必须保持干燥。排水温度不得超过40℃,排水量应根据气温调节。

(5)严禁在引燃电路中加大熔断器。当负载过小使引燃管内电弧不能发生时,不得闭合控制箱的引燃电路。

(6)控制箱如长期停用,每月应通电加热30min。如更换闸流管,亦应预热30min,正常工作的控制箱的预热不得少于5min。

8. **答:**(本题可根据自己对安全工作的认识以及对国家在安全生产方面的政策和措施的了解情况进行阐述)

参 考 文 献

[1]李仕东.工程测量[M].第3版.北京:人民交通出版社,2009.
[2]姜志青.道路建筑材料[M].第3版.北京:人民交通出版社,2009.
[3]金桃,张美珍.公路工程检测技术[M].第3版.北京:人民交通出版社,2009.
[4]崔岩,于辉.公路建筑材料技能考核指导[M].北京:北京理工大学出版社,2009.
[5]文德云.公路施工技术[M].北京:人民交通出版社,2003.
[6]张美珍.公路工程试验与检测[M].北京:人民交通出版社,2003.
[7]贺晓红,孙重光.公路工程材料与管理[M].北京:人民交通出版社,2003.
[8]刘培文.公路施工测量技术[M].北京:人民交通出版社,2003.
[9]邢凤歧.公路工程定额与统计[M].北京:人民交通出版社,2003.
[10]文德云.公路施工安全技术[M].北京:人民交通出版社,2003.